供电企业"钱海军式"社区经理工作实操

■ 国网浙江省电力有限公司 ◎ 编著

企业管理出版社
ENTERPRISE MANAGEMENT PUBLISHING HOUSE

图书在版编目（CIP）数据

供电企业"钱海军式"社区经理工作实操 / 国网浙江省电力有限公司编著. -- 北京：企业管理出版社，2024.10

ISBN 978-7-5164-2944-0

Ⅰ．①供… Ⅱ．①国… Ⅲ．①供电－工业企业－商业服务－中国 Ⅳ．①F426.61

中国国家版本馆CIP数据核字(2023)第186404号

书　　名：	供电企业"钱海军式"社区经理工作实操
书　　号：	ISBN 978-7-5164-2944-0
作　　者：	国网浙江省电力有限公司
策　　划：	蒋舒娟
责任编辑：	刘玉双
出版发行：	企业管理出版社
经　　销：	新华书店
地　　址：	北京市海淀区紫竹院南路17号　　邮　　编：100048
网　　址：	http://www.emph.cn　　电子信箱：metcl@126.com
电　　话：	编辑部（010）68701661　　发行部（010）68701816
印　　刷：	北京亿友数字印刷有限公司
版　　次：	2024年10月第1版
印　　次：	2024年10月第1次印刷
开　　本：	700毫米×1000毫米　1/16
印　　张：	7.5印张
字　　数：	107千字
定　　价：	58.00元

版权所有　翻印必究　·　印装有误　负责调换

编委会

主　编：杨玉强
副主编：张宏达　胡若云　李付林　王　谊　徐以章
委　员：沈　皓　严华江　刘　欢　徐　杰　胡　海
　　　　张甦涛　董绍光　岑迪庆　张　睿　石科明
　　　　朱　斌　费　巍

编写组

组　长：胡若云　王　谊
副组长：沈　皓　严华江　徐　杰
成　员：刘　欢　朱　林　蒋　群　赵　睿　刘　政
　　　　张甦涛　毛倩倩　胡　海　李文达　钟永颉
　　　　张建赟　叶丽雅　严晓昇　赵婉芳　张　立
　　　　王　刚　潘喆琼　胡瑞瑞　虞燕娜　赵文锴
　　　　张　也　王　妍　张　力　邵麒麟　陈　昕
　　　　岑梦哲　章梦珂　郑思航　潘　妍　张娅玲
　　　　邢锦锋

序 言

社区服务，是指社区组织直接为社区成员提供的公共服务和物质、文化、生活、志愿服务以及其他个性化服务。按照国务院办公厅印发的《"十四五"城乡社区服务体系建设规划》的相关要求，要以习近平新时代中国特色社会主义思想为指导，坚持以人民为中心，以增进人民福祉为出发点和落脚点，以强化为民、便民、安民功能为重点，以不断满足人民高品质生活需求为目标，加快完善党建引领社区服务体系建设，增加服务供给，补齐服务短板，创新服务机制，为推进基层治理体系和治理能力现代化建设奠定坚实基础，让人民生活更加美好，让基层更加和谐稳定，让党的执政基础更加稳固。电力供应作为公共服务之一，关系国计民生，随着现代化经济生活的多维发展，全社会对电力的依赖程度不断提高，电力供应的安全可靠、优质便捷与社会经济发展和社会秩序稳定紧密相连。

为了让更多基层社区经理学习"时代楷模"钱海军二十年如一日的服务精神、品质和方法，深入践行"五解服务法"，针对社区供电服务高频诉求、高频业务，特编纂系列工作指导手册。

本书重点围绕"一个钱海军，变成千万个社区经理"的核心思路，全面借鉴政府社区管理的做法与经验，落实社区服务的内涵与要求、优质服务的标准与理论，全面规范电力社区经理的岗位职责、服务内容、服务场景，不断增强城市社区、农村社区、工业社区的供电服务能力，形成三章主要内容。

由于时间仓促，加之编者水平有限，书中不当之处在所难免，敬请广大读者提出宝贵意见。

目 录

第一章 岗位技能标准 1

第二章 基本规范 11
 一、基本道德 11
 二、服务技能 11
 三、服务礼仪 12

第三章 服务规范 14
 一、信息告知 14
 二、联络到户 34
 三、搜信建档 47
 四、业务办理 64
 五、延伸到家 89
 六、社区信赖 107

第一章　岗位技能标准

本章重点讲解社区经理岗位的关键工作任务事项，按照任务事项明确不同级别社区经理的技能要求（见表1.1）。

表1.1　社区经理岗位技能要求

序号	类别	技能项	技能要求	技能评价标准	1级	2级	3级	4级
1	基本技能	电力基础知识	掌握电工基础知识；掌握配电设备和线路的相关知识	掌握交直流电路和电磁感应、谐振、电容、电感元件等方面的理论知识	○	○	○	○
				掌握配电线路上各种导线、电缆、开关柜、金具等的型号及用途	○	○	○	○
2	基本技能	电力服务规范	掌握服务规范类知识	掌握《国家电网公司变更用电及低压居民新装（增容）业务工作规范（试行）》（营销营业〔2017〕40号）； 掌握供电服务"十项承诺"和员工服务"十个不准"； 掌握《供电服务标准》（2021）； 掌握《国家电网有限公司供电服务质量事件与服务过错认定办法》； 掌握《国家电网有限公司供电服务建设管理办法》； 掌握《国家电网有限公司一线员工供电服务行为规范》	○	○	○	○

1

续表

序号	类别	技能项	技能要求	技能评价标准	1级	2级	3级	4级
3	服务技能		能够友好、礼貌、清晰地与客户沟通	具备与客户进行有效沟通的能力，包括沟通技巧应用能力、语言表达能力、问题解决能力等方面	○	○	○	○
			掌握主动服务工作的内容和流程以及目标等，具备主动管控能力	掌握上门走访服务礼仪规范与方法；掌握专属服务渠道宣传、主动营销政策信息宣传推广工作内容、要求、流程、方法及技巧；实施客户关系管理，满足客户个性化需求		○	○	○
			具备通过协调内外部相关方解决各类社区客户诉求的能力	能够将客户诉求精准传达至内外部相关方，跟踪和监督所辖社区网格内供电服务进程			○	○
4	基本技能	电力法律法规	掌握法律法规类知识	掌握《中华人民共和国电力法》《电力供应与使用条例》《供电营业规则》《浙江省电力条例》，以及《中华人民共和国民法典》第十章	○	○	○	○
5		电力专业政策	掌握国家和电力行业电力相关政策文件类知识	掌握优化用电营商环境、"三指定"、上网电价、代理购电、一证通办、充电桩、市场化交易、综合能源相关政策	○	○	○	○
6		安全生产知识	掌握电力安全工作规程，熟悉《中华人民共和国电力法》《中华人民共和国安全生产法》	了解配电作业基本条件、保证安全的组织措施和技术措施等知识	○	○	○	○
				了解营销作业基本条件、保证安全的组织措施和技术措施等知识	○	○	○	○
7		"两票"管理	掌握"两票"使用规定	具备规范填写和正确使用各种票面的能力	○	○	○	○
				具备工作负责人、许可人资质	○	○	○	○
				具备工作票签发人资质			○	○

续表

序号	类别	技能项	技能要求	技能评价标准	1级	2级	3级	4级
8	基本技能	触电急救	掌握现场急救的相关知识和急救操作方法	掌握现场急救的相关知识,掌握触电急救、心肺复苏、创伤急救的操作方法	○	○	○	○
9	专业技能	信息告知	能够通过社区拜访、上门入户、亮牌公示、电子渠道等服务途径,告知社区相关供电政策、传统业务、新兴业务、志愿服务等服务内容	掌握由政府网格员发起的信息告知流程,能够征集信息宣传告知诉求,分解任务安排;掌握由电力社区经理自发的信息告知流程,能够根据涉电事项组织开展社区宣传活动,收集客户意见和建议,并更新客户服务档案		○	○	○
10	专业技能	工单处理	具备受理95598、12398、信访等渠道投诉、举报、意见、表扬等业务的能力	掌握各类工单业务定义,能够正确处理95598、12398、信访等渠道投诉、举报、意见、表扬等,实现服务过程闭环		○	○	○
11		渠道推广	熟练使用网上国网APP,具备线上缴费、智能缴费推广等能力	掌握网上国网APP注册绑定、实名认证、办电、缴费、查询等方法以及i国网系统操作,具备线上缴费、智能缴费相关操作能力	○	○	○	○
			能够采用云端、实地、入户等联络方式,摸排社区基本信息,洞察客户需求,维系客户服务联络通道,增强客户服务黏性	熟知联络客户的渠道和流程;熟知联络客户各渠道的关键服务环节和信息,胜任针对工作编制联络计划、组织走访、走访闭环等工作		○	○	○

续表

序号	类别	技能项	技能要求	技能评价标准	1级	2级	3级	4级
12	专业技能	业扩工程管理	具备复杂业扩业务高效收资能力	针对城市（农村）社区的新装、更名/过户、增容、电表校验、光伏签约等业务，工业社区的更名/过户、电表校验、新装增容、暂停、减容、市场化服务等复杂业务，具备履行登记、收资能力，能够联动专业部门跟踪、闭环	○	○	○	○
			具备简单变更类业扩业务直接办理能力	能够直接办理城市（农村）社区的更名/过户、一户多人口、峰谷电变更等简单业务，工业社区的容量变更、需量值变更、增值税变更、电价策略变更等简单业务	○	○	○	○
			具备管理、跟踪客户业扩报装工程的能力	针对0.4kV及以下业扩工程，能够组织现场勘查，答复供电方案，协调验收接电	○	○	○	○
				针对10（20）kV业扩工程，能够组织各方进行业扩工程现场勘查、中间检查和竣工检验，具备供电方案编制、图纸审核纠错能力，具备供电方案变更协调能力，能够代表客户对客户的涉电工程进行全流程跟踪并提出优化建议			○	○
				针对35kV及以上、专线、客户变电站等复杂业扩工程，能够组织各方进行业扩工程现场勘查、中间检查和竣工检验，具备供电方案编制、图纸审核纠错能力，具备供电方案变更协调能力，能够代表客户对客户的涉电工程进行全流程跟踪并提出优化建议				○

续表

序号	类别	技能项	技能要求	技能评价标准	1级	2级	3级	4级
13	专业技能	用电检查	熟悉用电设备违规情况、安全隐患	熟悉客户用电设备安全隐患	○	○	○	○
				具备独立协调客户消除各类用电设备安全隐患的能力，包括安全隐患排查、风险评估、安全改进方案制定和实施等方面的能力			○	○
				掌握防止窃电技术措施、查处规定，掌握反窃查违的处理方法		○	○	○
14	专业技能	电费业务	掌握电费电价政策，掌握各类用电户电价执行标准及电费计算知识	具备电费电价政策解读能力；掌握各类用户电费计算方法，如居民阶梯电价、单一制电价、两部制电价客户电费的计算方法；能够进行对应电费的核对与汇总	○	○	○	
			掌握低压居民和企业电费违约金计算知识，了解电费催收、拖欠电费情况的处理方式	了解用户缴费渠道和方式，熟悉电费提醒短信、催费、欠费停电通知单的内容与不规范操作的风险；了解用户欠费违约后果以及用户欠费停电的相关规定	○	○	○	
				了解用户欠费查询、欠费停电通知单等单据的打印及派送要求，掌握违约金的计算方法、拖欠电费相关规定及处理规范；掌握欠费停电、费清复电的执行流程与操作；具备居民用电客户拖欠电费情况的处理能力	○	○	○	
			具备电力市场化售电的客户服务能力	掌握电力市场化售电的相关政策、市场化核算系统应用、市场化用户管理			○	○
			掌握移动作业终端使用方法、电能表电量抄读方式、电能表电量异常处理办法	了解掌握抄读电能表的注意事项和要求，了解抄表现场安全注意事项及异常处理方式	○	○	○	
				掌握补抄、核抄及临时抄表流程与操作，了解移动作业终端的功能和使用方法，如抄录、查询用户电量；能够处理抄表机异常情况	○	○	○	

续表

序号	类别	技能项	技能要求	技能评价标准	1级	2级	3级	4级
15	专业技能	电能计量	能够开展电能计量装置安装	掌握电能表安装基本技能，保证电能表、CT等计量回路接线正确，合理布线	○	○	○	○
			能够开展电能计量装置检查	装接完工后，能正确查看电能表试走情况，能进行电能计量装置故障分析、处理及电量退补计算		○	○	○
			能够正确开展电能表、互感器等计量装置巡视与消缺	具备独立处理计量异常、退补电费的能力		○	○	○
				能熟练操作移动作业终端i国网对计量箱进行计量箱建档、周期巡视、异常巡视，能正确识别计量装置各类缺陷并做好消缺闭环	○	○	○	○
			能够处理计量错接线事件	能够准确判断错接线类型和现场纠正，准确计算差错电费		○	○	○
			能够处理采集异常	能够判别采集异常，并督促整改	○	○	○	○
16		表后服务	能够处理客户表后报修诉求	熟知用电产权责任分界和运维责任划分，熟悉表后延伸服务的基本工作方法	○	○	○	○
17		信息系统应用	掌握生产类系统应用	掌握供服、Ⅳ区系统等生产类系统各功能模块应用；具备查找停电信息、停电时户数、故障研判等生产相关信息能力	○	○	○	○
				掌握PMS系统应用		○	○	○
				掌握一体化系统应用		○	○	○
			掌握营销类系统应用	掌握能源互联网营销服务系统各功能模块应用，具备用电客户各类信息查找、数据分析、维护修正、流程操作的能力	○	○	○	○
				掌握用电信息采集2.0系统应用	○	○	○	○
				掌握新型电力负荷管理系统应用			○	○

续表

序号	类别	技能项	技能要求	技能评价标准	1级	2级	3级	4级
18	专业技能	综合能源业务	掌握综合能源业务政策	掌握光伏、充电桩、储能等业务的相关文件政策		○	○	○
			掌握分布式电源并网服务知识	掌握分布式电源并网服务的申请方式、收资、环节、验收和结算		○	○	○
			具备提供供电+能效服务、优化客户用能策略的能力	具备能源托管、节能减排、电能替代、充电桩、分布式电源（光伏、余热利用、固废发电、风电）、新能源、金融服务（设备租赁）等业务服务能力			○	○
19	专业技能	客户信息管理	具备供用电合同管理能力	掌握供用电合同基本知识，熟悉变更用户供用电合同签订工作，熟悉电费结算协议签订工作	○	○	○	○
			熟悉各类票据的规范使用	了解电子发票的应用，熟悉发票信息查阅、登记、维护工作	○	○	○	○
			具备业务档案管理能力	掌握客户用电信息档案的内容；熟练建立和维护各类电子台账，掌握业务档案完善和保管技能	○	○	○	○
			能够搜集社区服务信息，通过登记社区档案信息为社区供电服务提供决策支持和信息服务	熟知城市社区、农村社区、工业社区的服务侧重点，能够通过线上服务平台（如云服务平台、企业微信）、线下走访了解和搜集客户有效信息，建立并维护分类社区服务档案	○	○	○	○
20		业务终端应用	掌握移动作业终端、业务受理一体机等终端设备操作	掌握移动作业终端、自助终端等设备操作	○	○	○	
21		配网工程管理	熟悉配网工程管理基础知识	熟悉配网工程出资原则，熟悉各阶段的主要工作	○	○	○	○

续表

序号	类别	技能项	技能要求	技能评价标准	1级	2级	3级	4级
22	专业技能	仪器仪表使用	熟悉各类仪器仪表的使用	熟悉红外测温仪、核相仪、测距仪、有害气体检测仪、绝缘电阻测试仪、接地电阻测试仪等仪器的使用		○	○	○
				熟悉接地故障查找仪、局部放电检测仪等仪器的使用			○	○
				掌握万用表、钳形电流表、绝缘摇表、核相仪、相位伏安表等测试仪器的使用		○	○	○
23		低压线路安装	掌握工器具使用、低压线路安装等技能	具备组织低压线路施工的能力	○	○	○	○
				掌握低压架空线路、横担及接户线的安装技能	○	○	○	○
24		配网规划	熟悉属地配电网基本情况和薄弱环节	熟悉属地配电网基本情况和薄弱环节,掌握区域经济社会发展状况和重大项目情况			○	○
25		设备操作	熟悉各类配网设备操作	熟悉高压开关柜定值检查和设置,具备检查判错能力			○	○
				了解柱上开关、跌落式熔断器等配电设备的操作,具备检查判错能力		○	○	○
26		设备巡视	熟悉设备巡视、缺陷管理相关知识	熟悉线路巡视的规范要求,正确使用i国网APP等	○	○	○	○
				能够判断缺陷的等级,了解消缺方案		○	○	○
27		线损管理	能够进行分线线损、台区线损的查询、分析和判断	具备异常线路、台区基本的系统分析和现场查勘能力		○	○	○
				掌握系统查询月度线损、综合线损的方法		○	○	○
				掌握线路、台区高损及负损的判别,了解解决措施		○	○	○

续表

序号	类别	技能项	技能要求	技能评价标准	1级	2级	3级	4级
28	专业技能	故障抢修	熟悉抢修规程规范相关知识	熟悉故障报修的描述、流程、规则，能够进行故障报修工单的正确填写，熟悉故障报修的考核要求	○	○	○	○
				掌握故障抢修标准化流程，配电网抢修服务作业规范、着装规范、"三个电话"的要求	○	○	○	○
29		配网监测	熟悉供电可靠性、电压合格率、分线线损、频繁停电等主要指标的相关知识	了解指标波动原因及整改措施		○	○	○
				了解供电可靠性、电压合格率、分线线损、频繁停电等指标的形成原理，熟悉系统查询路径		○	○	○
30		电力发展形势	掌握电力行业发展形势	了解电力行业发展史，电力体制改革，国家、地方政府能源发展战略等			○	○
31		企业文化	熟知国网公司以及浙江公司的企业文化和战略发展目标	熟知公司的企业文化内涵和行为准则，熟知国网的战略发展目标、浙江公司的具体举措和年度重点工作等			○	○
32	综合素质	班组管理	能够进行班组安全管理，组织班组质量管理活动，设计和执行班组技术管理制度；掌握班组标准化的管理目标，制定标准化管理的措施；能够组织团队建设活动	掌握班组安全管理规定、预防事故的措施			○	○
				掌握班组质量管理内容与方法			○	○
				掌握班组技术管理的任务和内容			○	○
				掌握班组技术管理制度内容			○	○
				能够独立建立和有效管理技术台账，包括技术资料的整理、记录和更新，以及对技术台账的合理运用和维护			○	○
				理解和掌握班组标准化建设的内容和方法，具备有效规划和实施班组标准化建设（包括标准化操作流程、规范化管理方法）等方面的能力			○	○
				能够组织召开班组会议，汇总班组人员意见并形成报告				○
				理解和掌握团队建设的内容和方法，能够有效规划和实施团队建设活动，具备团队合作、沟通协调、冲突解决等方面的能力			○	○

续表

序号	类别	技能项	技能要求	技能评价标准	1级	2级	3级	4级
33	综合素质	培训学习	具备组织开展班组内各类知识培训的能力，并能有效实施与管理	能够积极参与专业相关技能培训，并具备持续学习与提升专业技能的能力	○	○	○	○
				具备组织开展专业相关技能培训的能力，并能有效策划、实施和评估培训活动			○	○
				能够积极参与安全生产相关培训，并具备理解和应用安全生产知识的能力	○	○	○	○
				具备组织开展班组业务学习交流活动的能力，并能有效策划、组织学习交流活动的开展			○	○
34		技术创新	掌握提出问题、解决问题的能力	熟悉QC小组活动、群众性创新、科技创新等活动的组织与实施流程；具备对QC小组活动、群众性创新、科技创新等活动进行评估与改进的能力	○	○	○	○
				具备组织各类创新活动的能力，并能有效实施与管理			○	○
35		绩效管理	掌握班组绩效管理能力	能够开展绩效管理评价考核，并具备评估与改进绩效管理的能力				○
				掌握妥善处理班组与班员、班组与上级部门之间关系的能力				○
36		外部信息报送	掌握汇总外部联动部门信息并形成报告的能力	有效按需协调和组织搜集关联专业部门、政府部门、社区居委部诉求和信息资源		○	○	○
				具备汇总各方联动部门的意见并形成报告的能力		○	○	○

第二章　基本规范

一、基本道德[1]

严格遵守国家法律法规，诚实守信，恪守承诺；爱岗敬业，乐于奉献，廉洁自律，秉公办事。

真心实意为客户着想，尽量满足客户的合理用电诉求，对客户的咨询等诉求不推诿，不拒绝，不搪塞，及时、耐心、准确地给予解答。用心为客户服务，主动提供更省心、更省时、更省钱的解决方案。

遵守国家的保密原则，尊重客户的保密要求，不擅自变更客户用电信息，不对外泄露客户个人信息及商业秘密。

二、服务技能

社区经理应经相应的岗位培训，评价合格后方可持证上岗。

熟知本岗位的业务知识和相关技能，岗位操作规范、熟练，具有合格的专业技术水平。[2]

---

[1] 参见《供电服务标准》（Q/GDW 10403—2021）。
[2] 参见《供电服务标准》（Q/GDW 10403—2021）。

严格执行首问负责制，第一位接待客户的社区经理，充分了解客户业务需求，准确答复和及时办理。无法当即答复的，向客户解释说明，并将客户诉求及时转派至相关处理部门，做到"内转外不转"。[1]

受理用电业务时，"一次性"主动告知客户办理业务需提供的所有资料、办理流程、收费项目和标准，并出具业务办理告知书，避免客户重复往返。[2]

严格执行供电服务相关工作规范和质量标准，保质保量完成本职工作，为客户提供专业、高效的供电服务。[3]

主动了解客户用电服务需求，创新服务方式，丰富服务内涵，为客户提供更便捷、更透明、更温馨的服务，持续改善客户体验。[4]

积极宣传推广新型供电服务渠道和供电服务产品，主动引导客户使用，提升客户获得感和满意度。在服务过程中，应尊重客户意愿，不得强制推广。[5]

三、服务礼仪[6]

供电服务人员上岗应按规定着装，并佩戴工号牌，保持仪容仪表美观大方，行为举止应做到自然、文雅、端庄。工作期间应保持精神饱满、注意力集中，不做与工作无关的事。

为客户提供服务时，应礼貌、谦和、热情。与客户会话时，使用规范化文明用语，提倡使用普通话，态度亲切、诚恳，做到有问必答，尽量少用生

---

[1] 参见《国家电网有限公司一线员工供电服务行为规范》。
[2] 参见《国家电网有限公司一线员工供电服务行为规范》。
[3] 参见《供电服务标准》（Q/GDW 10403—2021）。
[4] 参见《供电服务标准》（Q/GDW 10403—2021）。
[5] 参见《供电服务标准》（Q/GDW 10403—2021）。
[6] 参见《供电服务标准》（Q/GDW 10403—2021）。

僻的电力专业术语，不得使用服务禁语。工作发生差错时，应及时更正并向客户致歉。

当客户的要求与政策、法律法规及公司制度相悖时，应向客户耐心解释，争取客户理解，做到有理有节。遇到客户提出不合理要求时，应向客户委婉说明，不得与客户发生争吵。

为行动不便的客户提供服务时，应主动给予特殊照顾和帮助；对听力不好的客户，应适当提高语音，放慢语速。

第三章 服务规范

本章重点讲解信息告知、联络到户、搜信建档、业务办理、延伸到家、社区信赖六大客户服务场景的服务流程、服务策略和服务要求。

一、信息告知

（一）工作流程

信息告知流程主要分为两类：①政府网格员主动发起的信息告知流程；②社区经理主动发起的信息告知流程。

1. 政府网格员主动发起的信息告知流程

政府网格员主动发起的信息告知流程是指由政府网格员安排布置信息告知任务事项，通过分解宣传告知任务，就涉电事项组织社区经理开展信息告知任务事项的集中培训，通过集中培训后，社区经理进社区主动开展社区信息告知宣传活动，在社区信息告知宣传活动过程中，针对客户提出的诉求和意见组织登记工作，纳入社区服务档案，为社区供电服务提供基础信息服务（见图3.1）。

（1）操作步骤

① 信息收集、任务分解：政府网格员向社区征集信息宣传告知诉求，通过安排和分解信息宣传告知任务，梳理涉电事项社区宣传事项。

信息告知服务流程			
政府网格员	社区经理	操作步骤	注意事项
开始 ↓ 征集信息宣传告知诉求 ↓ 安排布置信息宣传告知任务 ↓ 分解信息告知任务	涉电事项组织开展社区宣传活动 ↓ 收集客户意见和建议 ↓ 更新客户服务档案 ↓ 存档 ↓ 结束		

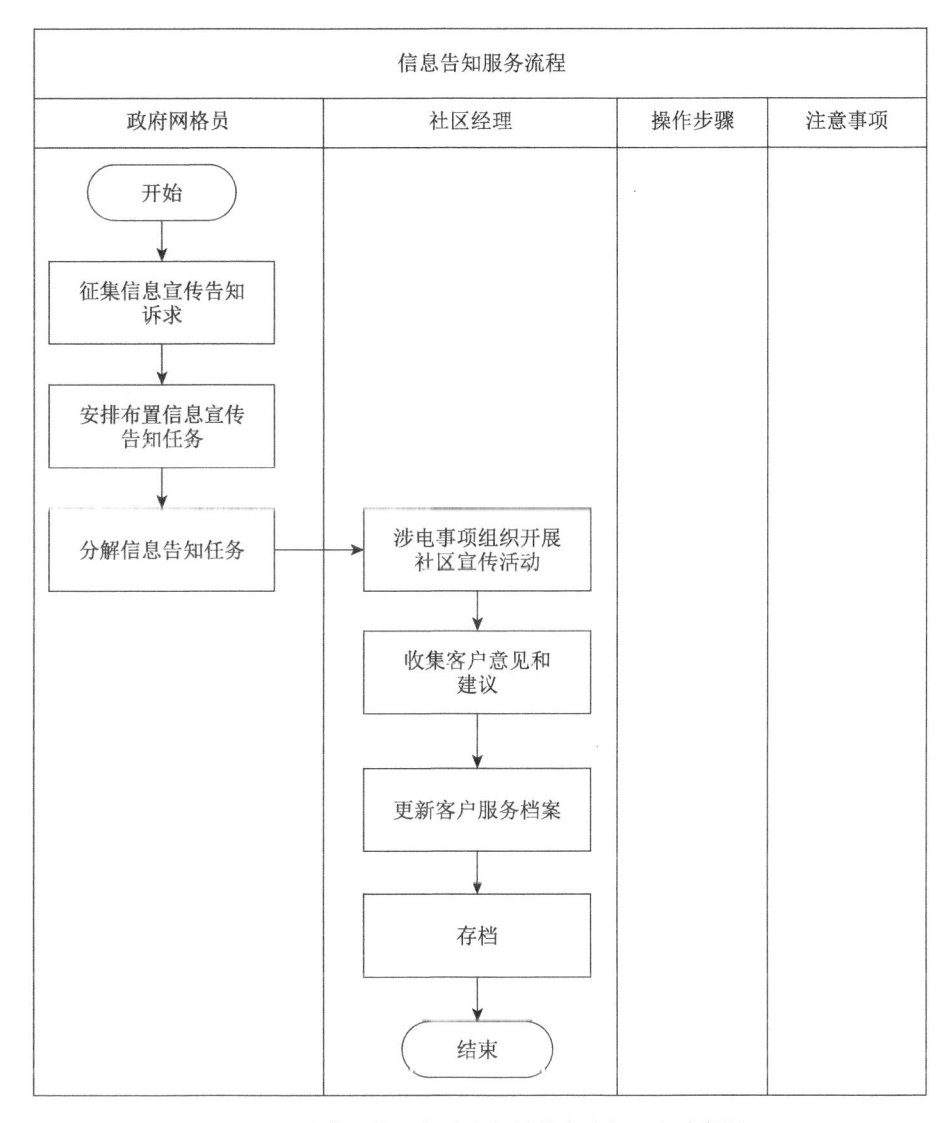

图 3.1 政府网格员主动发起的信息告知服务流程图

② 组织活动、收集意见：涉电事项，社区经理可组织社区信息宣传活动，在活动组织过程中，收集客户意见和建议。

③ 更新档案，信息存档：社区经理通过记录客户意见、建议，更新客户服务档案。

（2）注意事项

① 信息告知内容应及时更新，尤其是在价费政策等关乎客户切身利益的政策调整时，应及时更新信息政策，避免陈旧资料误导客户，带来不必要的纠纷。

② 在日常工作中要注意加强与责任社区居委、物业、业主委员会的沟通联系，保障各项宣传工作的顺利开展。

2. 社区经理主动发起的信息告知

社区经理主动发起的信息告知是指当社区经理有电力政策、传统供电业务、新兴业务、志愿服务的信息需告知时，可联络社区政府网格员主动发起告知活动诉求，主动组织社区信息告知活动，主动登记社区供电服务诉求，纳入社区服务档案，为社区供电服务提供基础信息服务（见图3.2）。

信息告知服务流程			
政府网格员	社区经理	操作步骤	注意事项
	收集最新政策、业务、服务信息 → 主动联络，提前沟通信息告知主题、内容和方式 → 组织开展信息告知宣传活动 → 收集客户意见和建议 → 更新社区服务档案 → 存档 → 结束		

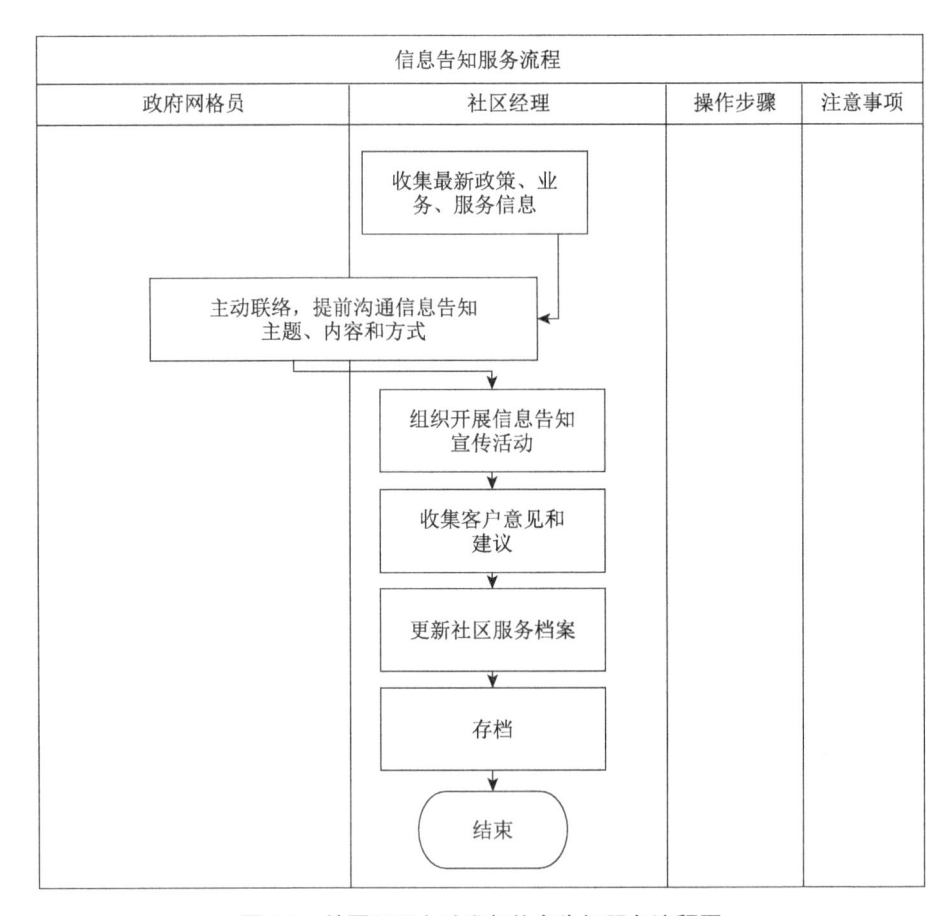

图 3.2　社区经理主动发起信息告知服务流程图

（1）操作步骤

① 收集信息、主动联络：社区经理每月收集、告知最新服务政策、服务信息不少于 1 次。

② 组织活动，收集信息：组织开展信息告知宣传活动，收集客户意见和建议。

③ 更新档案、实时存档：社区经理通过记录客户意见、建议，更新客户服务档案。

（2）注意事项

对用户信息要严格保密，不得泄露。及时向社区经理反映客户的需求，避免错漏。

（二）工作要求

1. 政策告知

（1）价费政策

1）服务质量要求

① 需要主动公开的价费信息内容如有变化，应当自发生变化之日起 10 个工作日内更新。[1]

② 在接到政府部门正式发布的电价、收费标准等政策法规后，应于 7 天内在营业厅、电子渠道公示。[2]

③ 供电企业收到价费信息公开申请，能够当场答复的，应当当场予以答复。供电企业不能当场答复的，应当自收到申请之日起 7 个工作日内予以答复；如需延长答复期限的，应当经供电企业信息公开工作机构负责人同意，并告知申请人，延长答复的期限不得超过 15 个工作日。[3]

---

[1] 参见《供电企业信息公开实施办法》（国能发监管规〔2021〕56 号）。

[2] 参见《供电服务标准》（Q/GDW 10403—2021）。

[3] 参见《供电企业信息公开实施办法》（国能发监管规〔2021〕56 号）。

2）知识技能要求

① 社区经理应熟悉和洞察行业状况，掌握《中华人民共和国电力法》《浙江省电力条例》等价费政策，具备电力政策告知能力。

② 社区经理应按需参加价费政策相关知识技能类培训，全年学习次数不少于 1 次。

（2）业扩报装及受电工程市场行为政策

1）服务质量要求[①]

① 需要主动公开的业扩报装及受电工程市场行为政策信息内容如有变化，应当自发生变化之日起 10 个工作日内更新。

② 供电企业收到业扩报装信息公开申请，能够当场答复的，应当当场予以答复。供电企业不能当场答复的，应当自收到申请之日起 7 个工作日内予以答复；如需延长答复期限的，应当经供电企业信息公开工作机构负责人同意，并告知申请人，延长答复的期限不得超过 15 个工作日。

2）知识技能要求

① 社区经理应熟悉和洞察行业状况，掌握业扩报装及受电工程市场行为类政策类知识；把握营商环境，熟悉"三不指定"等政策类知识；掌握业扩报装及受电工程市场行为类法律法规类知识，具备业扩报装及受电工程市场行为政策告知能力。

② 社区经理应按需参加业扩报装及受电工程市场行为政策知识培训，全年学习次数不少于 1 次。

（3）变更用电政策

1）服务质量要求[②]

① 需要主动公开的变更用电政策信息内容如有变化，应当自发生变化之日起 10 个工作日内更新。

---

① 参见《供电企业信息公开实施办法》（国能发监管规〔2021〕56 号）。
② 参见《供电企业信息公开实施办法》（国能发监管规〔2021〕56 号）。

② 供电企业收到变更用电信息公开申请，能够当场答复的，应当当场予以答复。供电企业不能当场答复的，应当自收到申请之日起 7 个工作日内予以答复；如需延长答复期限的，应当经供电企业信息公开工作机构负责人同意，并告知申请人，延长答复的期限不得超过 15 个工作日。

2）知识技能要求

① 社区经理应熟悉和洞察行业状况，掌握《国家电网公司变更用电及低压居民新装（增容）业务工作规范（试行）》（营销营业〔2017〕40 号）、《供电服务标准》（2021 最新版）等政策类知识，具备变更用电政策告知能力。

② 社区经理应按需参加变更用电类政策知识培训，全年学习次数不少于 1 次。

（4）充换电服务政策

1）服务质量要求[①]

① 需要主动公开的充换电政策信息内容如有变化，应当自发生变化之日起 10 个工作日内更新。

② 供电企业收到充换电信息公开申请，能够当场答复的，应当当场予以答复。供电企业不能当场答复的，应当自收到申请之日起 7 个工作日内予以答复；如需延长答复期限的，应当经供电企业信息公开工作机构负责人同意，并告知申请人，延长答复的期限不得超过 15 个工作日。

2）知识技能要求

① 社区经理应熟悉和洞察行业状况，掌握充换电设施、新能源汽车下乡、充换电用电报装等政策类知识，具备充换电服务政策告知能力。

② 社区经理应按需参加充换电服务政策知识培训，全年学习次数不少于 1 次。

---

① 参见《供电企业信息公开实施办法》（国能发监管规〔2021〕56 号）。

（5）市场能效服务政策

1）服务质量要求

① 需要主动公开的市场能效服务信息内容如有变化，应当自发生变化之日起 10 个工作日内更新。

② 供电企业收到市场能效服务信息公开申请，能够当场答复的，应当当场予以答复。供电企业不能当场答复的，应当自收到申请之日起 7 个工作日内予以答复；如需延长答复期限的，应当经供电企业信息公开工作机构负责人同意，并告知申请人，延长答复的期限不得超过 15 个工作日。

2）知识技能要求

① 社区经理应熟悉和洞察行业状况，掌握能效公共服务、负荷管理、市场化交易（含代理购电）电价、交易规则、购电程序等政策类知识，具备市场能效服务政策告知能力。

② 社区经理应按需参加市场能效服务政策知识培训，全年学习次数不少于 1 次。

2. 传统业务告知

（1）传统用电业务告知

1）服务质量要求

① 各类传统业务涉及的服务质量参照《供电服务标准》（Q/GDW 10403—2021），办理时限以国家或公司最新要求为准。

② 电压合格率和供电可靠性指标按季度发布，供电可靠性指标应根据国家能源局统一发布的指标进行公布。

③ 本地区配电网接入能力和容量受限情况，相关情况按季度更新。

2）知识技能要求

① 社区经理应熟悉和洞察客户诉求，掌握新装、增容及变更用电的办理时限、办理环节、申请资料等业务类知识；掌握供电可靠性、用户受电端电

压合格率、本地区配电网接入能力和容量受限情况等可开放容量信息等相关知识，具备传统用电业务信息告知能力。

② 社区经理应掌握《国家电网有限公司供电服务质量事件与服务过错认定办法》［国网（营销/3）377—2021（F）］等服务规范类知识。

③ 社区经理应按需参加传统用电业务知识培训，全年学习次数不少于1次。

（2）停限电告知

1）服务质量要求[①]

① 各类传统业务涉及的服务质量参照《供电服务标准》（Q/GDW 10403—2021），办理时限以国家或公司最新要求为准。

② 供电设施计划检修停电时，应提前7天通知重要客户；临时检修需要停电时，应提前24小时通知重要客户。对专线进行计划停电，应与客户进行协商，并按协商结果执行。

③ 收到客户咨询时，对不能当即答复的，应说明原因，并在5个工作日内答复客户。

④ 付费客户欠电费需依法采用停电措施的，提前7天送达停电通知。

⑤ 因供电设施计划检修需要停电的，提前7天通过公共媒体公告停电区域、停电线路、停电时间。

2）知识技能要求

① 社区经理应熟悉和洞察客户诉求，掌握计划停电、故障停电、计划限电、欠费停电的停电区域、停电线路、停电起止时间以及本供电营业区有序用电方案、限电序位等相关知识，具备停限电业务信息告知能力。

② 社区经理应按需参加停限电业务知识培训，全年学习次数不少于1次。

---

① 参见《供电服务标准》（Q/GDW 10403—2021）。

(3）表计轮换告知

1）服务质量要求

① 各类传统业务涉及的服务质量参照《供电服务标准》（Q/GDW 10403—2021），办理时限以国家或公司最新要求为准。

② 高压客户计量装置换装应预约；低压客户电能表批量换装前，应至少提前 3 天在小区和单元张贴告知书，或在社区物业公司（居委会、村委会）备案，零散换装、故障换表可提前通知客户后换表。[①]

2）知识技能要求

① 社区经理应掌握计量装置安装安全规程和工艺要求，具备开展电能计量装置安装与检查的能力。

② 社区经理应按需参加表计轮换知识培训，全年学习次数不少于 1 次。

(4）电费账单告知

1）服务质量要求

① 各类传统业务涉及的服务质量参照《供电服务标准》（Q/GDW 10403—2021），办理时限以国家或公司最新要求为准。

② 付费客户欠电费须依法采用停电措施的，提前 7 天送达停电通知。[②]

③ 客户缴费期限、电力营业网点、电费收款账户等信息发生变更时，应至少变更前 3 个工作日告知客户。[③]

2）知识技能要求

① 掌握价费政策、各类客户电价执行标准和电费计算规则知识，具备价费政策解读能力。

② 掌握各类用电户电费计算方法，如居民阶梯电价、单一制电价、两部制电价客户电费的计算方式，具备计算客户电费的能力。

---

① 参见《供电服务标准》（Q/GDW 10403—2021）。
② 参见《供电服务标准》（Q/GDW 10403—2021）。
③ 参见《供电服务标准》（Q/GDW 10403—2021）。

③ 社区经理应按需参加电费账单知识培训，全年学习次数不少于 1 次。

3. 新兴业务告知

（1）"政务＋供电"服务告知

1）服务质量要求

各类新兴业务涉及的服务质量参照《供电服务标准》（Q/GDW 10403—2021），办理时限以国家或公司最新要求为准。

2）知识技能要求

① 社区经理须掌握"一件事一次办"、"最多跑一次"、优化营商环境等政策类知识，具备"政务＋供电"服务信息（含"统一账单、联合缴费""一证办电"等）告知能力。

② 社区经理应按需参加"政务＋供电"服务知识培训，全年学习次数不少于 1 次。

（2）充换电服务告知

1）服务质量要求

各类新兴业务涉及的服务质量参照《供电服务标准》（Q/GDW 10403—2021），办理时限以国家或公司最新要求为准。

2）知识技能要求

① 社区经理应洞察客户诉求，了解车桩服务、充电桩（居民电动汽车充电桩、集中式经营性充电桩等）报装申请流程和服务时限及所需资料等，具备充换电服务告知能力。

② 社区经理应按需参加充换电业务知识培训，全年学习次数不少于 1 次。

（3）市场能效服务告知

1）服务质量要求

① 各类新兴业务涉及的服务质量参照《供电服务标准》（Q/GDW 10403—2021），办理时限以国家或公司最新要求为准。

② 应每月通过电子渠道向客户推送一次电能能效账单。①

③ 与客户签订供用（购售）电合同及相关协议时，对于产权分界点、执行电价类别等重要条款，要与客户逐条核对确认。②

2）知识技能要求

① 社区经理须有能力提供"供电+能效"服务，具备能效公共服务、负荷管理、市场化交易（含代理购电）的政策解读等能力。

② 社区经理应按需参加市场能效服务知识培训，全年学习次数不少于1次。

（4）分布式电源并网告知

1）服务质量要求

各类新兴业务涉及的服务质量参照《供电服务标准》（Q/GDW 10403—2021），办理时限以国家或公司最新要求为准。

2）知识技能要求

① 社区经理应掌握分布式电源并网服务等业务知识，具备分布式电源并网告知能力。

② 社区经理应按需参加分布式电源并网业务知识培训，全年学习次数不少于1次。

4. 志愿服务告知

（1）志愿服务活动告知

1）服务质量要求

社区经理应主动参与志愿服务活动，每年不少于1次。

2）知识技能要求

① 社区经理应了解公司志愿服务组织、实施、宣传流程和要点，主动参与志愿服务活动。

---

① 参见《供电服务标准》（Q/GDW 10403—2021）。
② 参见《国家电网有限公司一线员工供电服务行为规范》。

② 社区经理应按月参加志愿服务知识培训，全年学习次数不少于 2 次。

（2）志愿服务项目告知

1）服务质量要求

社区经理应主动参与志愿服务项目，每年不少于 2 个志愿服务项目。

2）知识技能要求

① 社区经理应了解公司志愿服务项目基本介绍、运作流程、运作方式等，具备志愿服务项目的操盘能力。

② 社区经理应按月参加志愿服务知识培训，全年学习次数不少于 2 次。

（3）志愿服务案例告知

1）服务质量要求

社区经理应向社区介绍志愿服务案例，每季度介绍不少于 1 次。

2）知识技能要求

社区经理应了解公司志愿服务项目案例，熟悉案例情况、经验和成效。

（三）实操工具

1. 网上国网平台

（1）网上国网平台是什么

网上国网 APP 是国家电网公司统一线上服务入口，为用户提供信息查询、电费缴纳、用能分析、能效诊断、代理购电、找桩充电、光伏新装等服务，满足用户全方位、个性化服务需求。

（2）网上国网平台的功能

网上国网 APP 有居民版和企事业版。

居民版网上国网涵盖缴费、办理、查询、能效服务、电动汽车、应急送电、用能分析、更名/过户、公共服务、新能源等功能模块。

企事业版网上国网涵盖电费账单、办电 e 助手、代理购电、电子发票、电动汽车、应急送电、能效账单、市场化服务、暂停/减容、新能源等功能模块。

网上国网 APP 的功能和界面如表 3.1 所示。

表 3.1　网上国网 APP 的功能和界面

功能	界面
首页：主要涵盖高频功能区、户号信息区	
资讯：主要涵盖资讯公告、热点、社区	

第三章　服务规范

续表

功能	界面	
	居民	企事业
网上营业厅：查询、办理、交费、客服、特色专区		
生活：主要涵盖e值惠、交费险、电e宝、e享家；涵盖购物、金融、公益		

27

续表

功能	界面
我的：资产、我的户号、服务记录、我的客户经理	

2. 浙江某社区服务平台

（1）社区服务平台是什么

浙江电力立足营销服务渠道现状，以构建与现代化社区相匹配的电力云上新渠道为目标，开创了智慧社区服务平台，依托微信生态与 i 国网移动作业平台，以"智能客服机器人＋云服务后台＋组团服务"的方式，打造无感、协同、生态三项服务能力，形成城乡同质同感的服务运营管理体系，创建个性化、差异化的客户服务场景，提升客户管理水平，优化客户服务体验感，引导客户用能行为，同时有效推动基层减负增效，实现社区服务效能与客户满意度双提升。

（2）某社区服务平台的功能

某社区服务平台设计规划 8 个主要功能模块，分别是社群管理、机器人管理、信息监控、信息公告、诉求管理、服务看板、知识库管理、台账管理。此外，平台还具有其他管理功能。

同步开发数智客服协同辅助社区经理的日常工作，通过进驻微信网格社群，依托社区服务平台内搭建的社区客户热点诉求知识库，实现用电需求的7*24小时自动秒级应答、智能响应。平台兼具智能分析场景功能，能够进行标签化处理，预判客户诉求，联动前置提供服务，实现"未问先知"。

社群管理，是指通过服务平台对数智客服进驻的微信社群按照社群类型、所属服务区建立客户基础标签。

机器人管理，就是指通过云服务平台远程调整入驻微信社群的数智客服的应答状态。

信息监控，是指通过服务平台设置客户敏感服务、特殊服务关键字，通过关键字自动识别监测，及时察觉社群群体性诉求、服务风险事件等，第一时间应答响应。

信息公告，是指通过服务平台主动向微信社群发布停电信息告知、服务政策告知、表计轮换信息等，实现服务信息的主动推送。

诉求管理，是指通过服务平台，接收客户在微信群向数智客服提报的非即时应答的用能诉求，例如用电报装、故障报修等需生成工单下派处理的客户诉求，通过诉求管理模块实现微信社群工单诉求的接收、属地派发和归档处理。

服务看板、知识库管理、台账管理这三个功能模块主要是对客户诉求、服务质量、台账信息等进行自动分析统计，通过云服务平台的数据孪生分析，社区经理可以进一步延伸社区电力服务的价值。开展安全用电科普、志愿公益课堂、电力企业文化宣讲等研学活动，丰富新时代文明实践活动，真正实现"线上+线下"双融共促的服务新模式。

部分功能展示如图3.3至图3.6所示。

供电企业"钱海军式"社区经理工作实操

图 3.3 推送数据

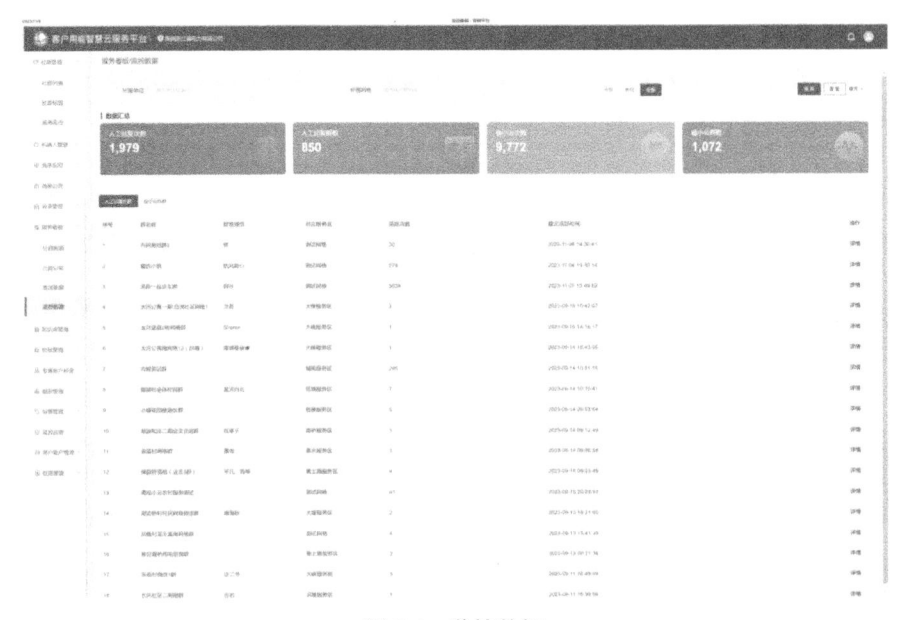

图 3.4 监控数据

第三章　服务规范

图 3.5　社群管理

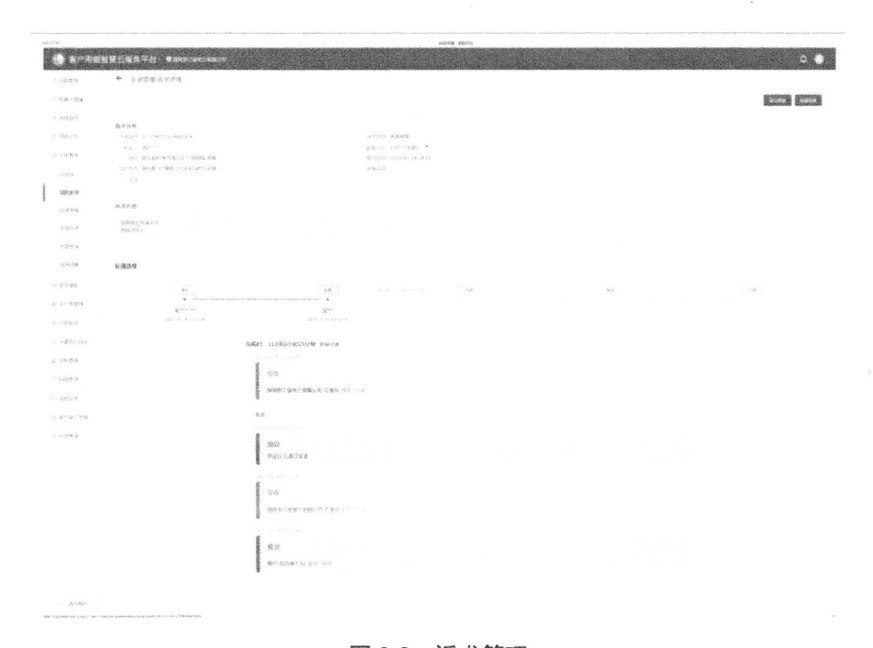

图 3.6　诉求管理

(3)云服务平台的典型场景

1)信息告知

信息告知是指通过社区拜访、上门入户、亮牌公示、电子渠道等服务途径，告知社区相关供电政策、传统业务、新兴业务、志愿服务等服务内容和服务事项。

社区经理在云服务平台打开消息推送功能界面，点击"新增推送"，进入推送信息编辑界面。在云服务后台，已经预设了高频场景的信息模板，只需要选择合适的模板，根据实际情况编写通知内容。这里以告知停电信息为例，补充填写停电原因、检修停电范围、停电时间等信息，选择需要告知的社区微信群，点击确定后，云服务平台会自动生成通知海报，并将停电通知精准触达微信社区客户。

完成发送后，客户手机微信就会收到推送的停电信息。

◆【实操场景】

除了停电信息或表计调换信息，其他信息都归为普通信息，这里我们以节电倡议书的发布为例再次进行演示。首先进入"消息推送"功能页面，选择需要发送的消息类别，如文字、图片、小程序、链接或视频。这里我们选择图片，将提前制作好的海报上传，编辑配文，选择需要推送的社区微信群，点击"提交审核"，云服务平台管理员在消息列表中审核并确认发送。推送信息即可快速精准地发送到社区微信群中。

2)云上走访

云上走访是指通过数智客服，也就是社区服务数智机器人，与社区经理共同进驻微信社群，主动靠前感知社区服务状态，创新客户走访数字化服务模式。

社区经理整理走访客户诉求，分层分类录入社区服务平台，围绕走访状态更新、信息管理、工作复盘，实现客户服务需求限时销号、客户服务需求全流程闭环管控。

同时更新客户走访状态、客户类型标签，实现走访进度的精细管控，提升客户服务黏性，形成融洽的供客关系。

◆【实操场景】

1. 当客户问到政策问题，不知道该如何准确规范地回答怎么办？

云服务平台有完备的知识问答库，输入关键字即可查到规范的回答话术。知识库不仅是社区经理的学习宝典，更是"浙电小云"的智慧大脑，它就是依托问答库实现客户问题秒级应答的。在实际服务过程中，遇到知识库的空白区域，应该补充或上报云服务平台管理专班进行更新完善。在整理客户资料时，我们需要为社区或客户标注特征标签，如"老旧小区""工业社区"等，在进行云上走访后，要及时标注或更新。

2. 对于客户留下的用电服务诉求，社区经理如何进行进程管控跟踪呢？

在诉求管理界面，我们可以查看工单详情，这里详细展示了处理进度以及负责人。作为社区经理，一方面要跟踪督促处理责任人；另一方面要及时向用户反馈处理进程，提升客户服务体验与满意度。

一些社区配备的电力驿站配备了云服务移动应用终端，当有社区用户需要使用互动设备，社区经理应做到从旁协助，协助使用"一键呼叫"功能，无障碍地与后台云客服进行视频连线，由云客服远程协助处理客户诉求。

（四）海军典范

有事就找"电力110"

为了更好地服务老年群体，钱海军亲手制作500张名片，将其中的一部分送到各个社区，委托社区干部发给老年人，另一部分则由自己发给走访过程中发现的需要帮助的人。名片上只有两行字——"电力义工钱海军，服务热线137****4267"。他怕打出来的字不够大，老年人看不清楚，有些名片上的信息还是手写的。一个电话，两个电话……，一传十，十传百，钱海军为社区百姓免费提供维修服务的消息就这样传开了。从那以后，他那由11个数字组成的电话号码成了小区家喻户晓的"电力110"。

【故事解读】

钱海军通过制作名片的方式，主动进社区告知社区经理服务信息、联系方式、服务事项，是信息告知的原型。

二、联络到户

（一）工作流程

1. 联络流程

按照社区经理编制计划、组织走访、走访闭环的核心工作事项，明确联络到户的关键服务环节和信息（见图3.7）。

1）操作步骤

① 排定计划，提前联络：按照全年走访计划，结合社区服务档案，社区经理形成月度走访计划；社区经理提前联络社区居委，协商走访时间、方式和走访重点。

② 主动走访，填写档案：社区经理将走访信息更新，录入档案，联动专业部门受理客户服务诉求，跟踪进度，闭环结果。

③ 档案存档。

④ 联动政府网格员，共享政电服务信息和数据。

⑤ 跟踪回访：定期开展联络走访满意度回访，核实走访信息真实性和走访事项完成情况。

社区联络服务流程				
政府网格员	社区经理		操作步骤	注意事项
	按照全年走访计划表，结合工作实际，按月自动编制"月度社区走访计划表"		
提前联络，明确走访主旨、内容、方式和配合重点，约定走访时间			
	主动上门组织社区走访，填写供电服务档案，登记社区供电服务诉求		
	联动专业部门受理客户服务诉求，跟踪进度、闭环结果		
	存档		
联动政府网格员，共享政电服务信息和数据			
	定期开展联络走访满意度回访，核实走访信息真实性和走访事项完成情况		
	结束		

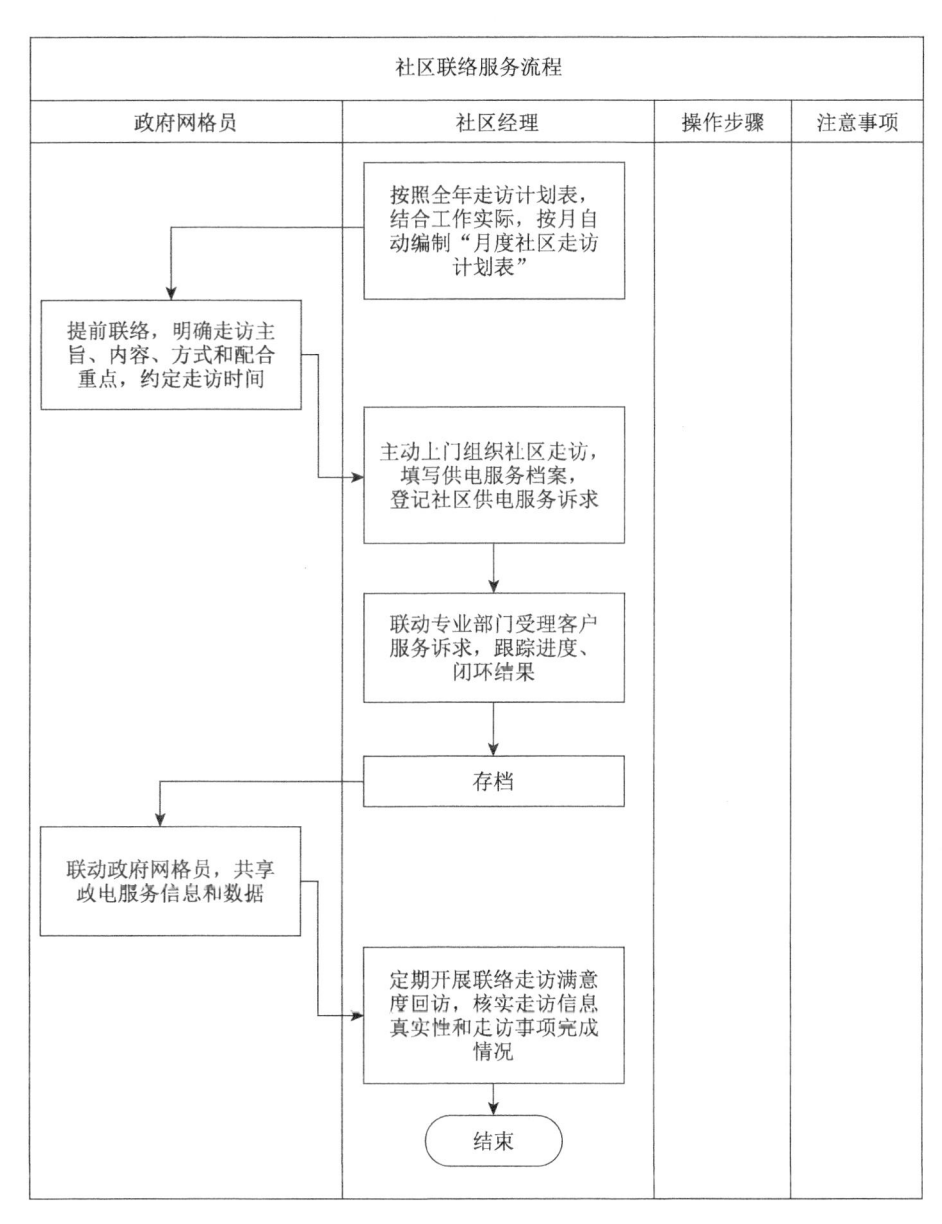

图 3.7 社区联络服务流程

2）注意事项

① 及时录入走访服务信息，更新社区服务档案。

② 增加与社区网格员联络频次。

2. 走访流程

联络走访分为云上走访和现场走访。

（1）云上走访

云上走访是指集文本、语音、视频三种形态于一身，富媒体信息全感知的数智客服机器人，与社区经理共同进驻微信社群，依托供电"社区服务"平台和企业微信，主动靠前感知社区服务状态，创新客户走访数字化服务模式，提升客户服务黏性，形成融洽的供客关系（管理流程见图3.8）。

1）操作步骤

① 访前准备：依托云服务、i 国网组织云端会议室，准备云端走访资料，预约客户时间，做好访前调研准备。

② 实施云上走访：社区经理组织云上社区走访，调查客户供电服务档案，勘查客户项目服务状态和服务质量，组织云上服务咨询知识信息问答，填写云上走访调查表。

③ 更新完善档案：记录走访客户信息，形成走访日志，归档社区服务档案。

2）注意事项

掌握云上走访平台实操方法，及时管理服务档案信息。

（2）现场走访

现场走访，是以社区居委、特殊客户群体等作为主要走访对象，根据社区实际需要，通过组织社区共建恳谈活动、服务活动、宣传活动等方式，做好倾听心声、排查摸底、信息上报等工作，强化社区经理与社区居委服务黏性，提升客户服务感知（管理流程见图3.9）。

1）操作步骤

① 访前准备：通过社区筛选走访客户服务清单，制定走访服务策略。

② 准备好走访资料，提前联络客户：提前协商走访主题、走访事项、走访方式。

第三章 服务规范

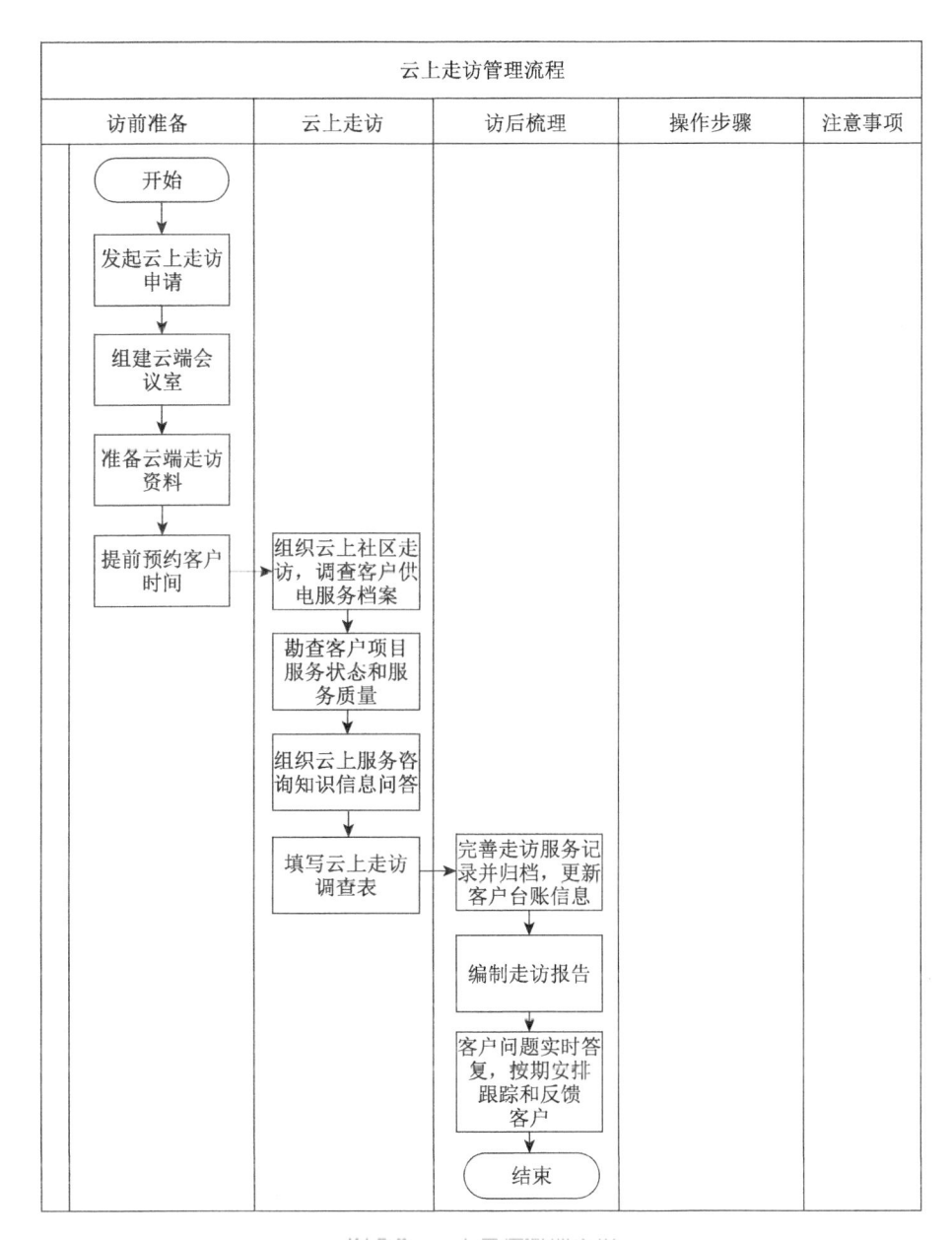

云上走访管理流程				
访前准备	云上走访	访后梳理	操作步骤	注意事项
开始 → 发起云上走访申请 → 组建云端会议室 → 准备云端走访资料 → 提前预约客户时间	组织云上社区走访，调查客户供电服务档案 → 勘查客户项目服务状态和服务质量 → 组织云上服务咨询知识信息问答 → 填写云上走访调查表	完善走访服务记录并归档，更新客户台账信息 → 编制走访报告 → 客户问题实时答复，按期安排跟踪和反馈客户 → 结束		

图 3.8 云上走访管理流程

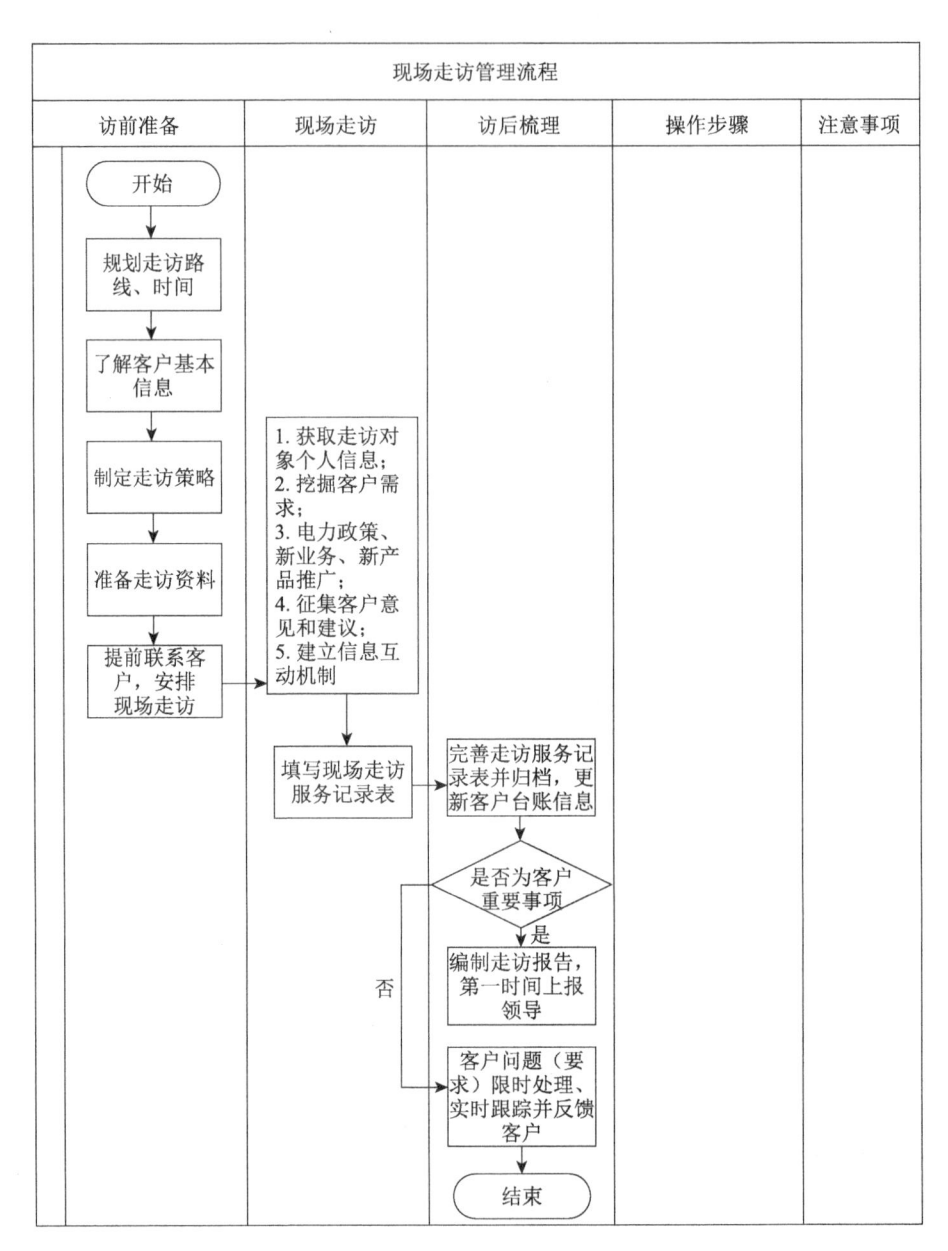

现场走访管理流程					
访前准备	现场走访	访后梳理	操作步骤	注意事项
开始 → 规划走访路线、时间 → 了解客户基本信息 → 制定走访策略 → 准备走访资料 → 提前联系客户，安排现场走访	1. 获取走访对象个人信息； 2. 挖掘客户需求； 3. 电力政策、新业务、新产品推广； 4. 征集客户意见和建议； 5. 建立信息互动机制 ↓ 填写现场走访服务记录表	完善走访服务记录表并归档，更新客户台账信息 → 是否为客户重要事项 —是→ 编制走访报告，第一时间上报领导 → 客户问题（要求）限时处理、实时跟踪并反馈客户 → 结束 （否 → 客户问题处理）		

图 3.9 现场走访管理流程

③ 组织现场走访：组织安排现场走访，了解客户服务诉求，挖掘客户服务需求，宣传电力政策、新业务、新产品，征集客户服务意见和建议，填写现场走访服务记录表。

④ 完善走访记录，编制走访报告：社区经理完善走访服务记录并归档，明确事项重要性、急迫性，更新台账信息，编制走访报告，第一时间上传云服务平台，第一时间跟踪反馈给客户。

2）注意事项

社区经理细致筛选社区现场走访服务对象，确保走访质量；客户的故障咨询应详细记录并及时跟踪，防止遗漏和延误。

（二）工作要求

1. 编排计划

（1）服务质量要求

① 社区经理可按照"全年走访计划表"，按月排定走访计划。

② 走访前应确认和掌握走访人员、走访区域及相关部门、走访对象名单，社区居民家庭基本信息和预约走访时间。

（2）知识技能要求

① 社区经理应具备高效沟通能力、客户关系维护能力和资源整合能力。

② 社区经理应具备走访计划编排能力。

2. 组织走访

（1）服务质量要求

① 社区经理可通过云端、现场、入户等联络方式，摸排完善社区基本信息，洞察客户服务行为，维系客户服务联络通道，提升客户服务黏性。

② 社区经理每月走访或联络不少于1次，对责任区域内的特殊家庭可适当增加走访频次。

③ 社区经理对于超出解答能力范围的问题，应按照首问负责制，详细记

录客户诉求，按时限要求派发工单，准确联动专业人员跟踪、闭环。

④ 社区经理应做好联络走访信息管理工作，及时做好归档工作，对走访信息准确、客观、及时记录，上报及整理归档。

(2) 知识技能要求

① 与社区管委会（居委）形成共建关系和机制，具备高效沟通能力、客户关系维护能力和资源整合能力。

② 社区经理具备通过协调内外部相关方解决各类社区客户诉求的能力。

③ 社区经理应参考《供电服务标准》(Q/GDW 10403—2021)，掌握服务礼仪与沟通技巧，有良好的语言表达能力，能与客户有效沟通。

3. 走访闭环

(1) 服务质量要求

① 社区经理每月走访更新档案不少于1次。

② 社区经理应做好联络走访信息管理工作，及时做好归档工作，对走访信息准确、客观、及时记录，上报及整理归档。

(2) 知识技能要求

社区经理应具备掌握汇总内外部信息并形成书面报告的能力。

(三) 实操工具

1. 全年走访计划表（见表3.2）

表3.2　社区全年走访计划

时间	走访主题	走访对象	走访要求
1月	迎峰度冬	社区居委，重点客户，停电工单集中的社区、村庄居民	走访社区客户安全用电情况，向企业客户推广能效服务，向居民客户宣传线上活动，引导客户积极参与负荷管理
	春节保供电	煤改电、孤寡老人、务工返乡人员	做好春节前服务诉求收集预控，确保节日期间供电服务工作平稳有序

第三章　服务规范

续表

时间	走访主题	走访对象	走访要求
2月	迎峰度冬	社区居委，重点客户，停电工单集中的社区、村庄居民	走访社区客户安全用电情况，向企业客户推广能效服务，向居民客户宣传线上活动，引导客户积极参与负荷管理
	春节保供电	煤改电、孤寡老人、务工返乡人员	做好春节前服务诉求收集预控，确保节日期间供电服务工作平稳有序
	志愿服务	特殊客户	慰问关怀特殊群体，组织开展用电检查、线路改造和维修
3月 4月	春耕春灌保电	村委、村民代表、农业生产企业	收集农业生产用电诉求，走访重点时段农业生产用电负荷情况，积极响应农田机井通电需求
5月	计量宣传	居民客户	结合5·20世界计量日，开展"电力计量"主题宣传活动，为客户提供用电信息咨询、优化用电指导等服务
6月 7月 8月	迎峰度夏需求侧响应专项走访能效服务	社区居委，重大重点客户，物业、村委，停电工单集中的社区、村庄居民	落实迎峰度夏各项保供举措，加强停电信息走访收集，落实需求侧响应有关工作安排。积极走访物业、村委，设置物业宣传活动、村委宣传告知等，在用电高峰期出现停电等情况，客户求助物业、村委时能及时获知社区经理联系方式
9月	用电安全宣传	社区居委	为社区开展用电安全检查，进学校宣传安全用电、节约用电知识
10月 11月	价费政策宣传	大电量居民客户	针对年底居民用电量累积升档的可能性，联合社区网格员主动宣传居民峰谷分时电价和阶梯电价政策
12月	迎峰度冬、春节调峰调压政策、志愿服务	社区居委重点客户	走访社区居委、重点客户，了解安全用电情况，向企业客户推广能效服务，向居民客户宣传线上活动，引导参与负荷管理，向分布式能源服务、充电桩客户宣传春节调峰调压政策内容和意义，争取客户理解和支持

41

2. 云上走访调查表（见表3.3）

表3.3 社区（企业）客户云上走访调查表

尊敬的客户： 　　您好！ 　　首先，感谢您体验××供电公司供电服务，为了提升供电服务品质、倾听客户心声、优化服务团队，下面请您为我们填写一份简单的问卷，希望您对我们的服务提供宝贵的意见和建议。					
1. 用户行为（了解我们提供的服务是否有用）					
1.1 您是否使用过以下综合能源业务？					
□用户配电设施托管		□分布式光伏项目		□电能替代（电地暖、电锅炉、电厨房等）	
□多能供应		□绿色建筑（绿色照明）		□电机系统节能改造	
1.2 您重点关注哪些业务？					
□电价政策		□新装、增容、过户		□电费缴纳		□账单寄送
□综合能源业务		□分布式光伏业务		□充电桩报装业务		□市场化售电业务
1.3 您是否下载网上国网APP？					
□是		□否			
1.4 您的社区经理是否能够做到及时响应您的诉求？					
□及时响应		□响应缓慢			
2. 用户感知（了解我们提供的服务是否可靠）					
2.1 服务项目满意度	1）您对我司办电服务是否满意？				
^^	□非常满意	□比较满意	□一般	□比较不满意	□非常不满意
^^	不满意的点，请举例：				
^^	2）您了解我司哪些公开透明的办电信息？				
^^	□办电流程	□办电进度		□办电时间	□办电厂商
^^	3）您对我司近期用电政策、用电产品宣传资料是否满意？				
^^	□非常满意	□比较满意		□一般	□比较不满意

续表

2.2 上门互动满意度	1) 客户经理是否按月上门拜访开展服务？					
	□一月一次	□一月二次	□一月三次	□一月零次	
	2) 客户经理上门是否解决您的用电诉求？				
	□有解决，非常满意		□有解决，效率偏低		□没有解决
2.3 渠道触点好评度	1) 您对网上国网 APP 给您提供的服务是否满意？				
	□非常满意	□比较满意	□一般	□比较不满意	□非常不满意
	2) 您日常网上国网 APP 的使用频率是什么？				
	□一天一次	□一周一次	□一周多次	□基本不用	
	访问最多的频道：				
	3) 您对网上国网 APP 给您提供的服务是否满意？				
	□非常满意	□比较满意	□一般	□比较不满意	□非常不满意
2.4 供电质量稳定度	1) 近三个月内贵单位/个人对停电频次（时长）、电压稳定性的感知是什么？				
	□非常满意	□比较满意	□一般	□比较不满意	□非常不满意
	2) 您对我司的停电处理结果、电压稳定性的改善处理是否满意？				
	□非常满意	□比较满意	□一般	□比较不满意	□非常不满意
3. 用户态度（了解我们提供的服务是否让您愉悦）					
3.1 能效服务认可度	1) 我司提供的降本增效服务为您创造的实际效益是否超出您的预期？				
	□有，节约不少成本		□一般，没有多大效益改善		□没有，基本没有变化
	2) 您是否愿意采购我司的设备托管业务？				
	□愿意采购	□持续观望	□拒绝采购		
3.2 处置供电事故能力或安全技术指导能力认可度	1) 您的诉求是否被社区经理准确理解且快速解决？				
	□是，理解准确，处理专业			□否，理解偏差，技能薄弱	
	2) 我司提供的服务是否能够真正解决您的问题？				
	□有，效益增加	□一般，效益略有提升		□没有，效益未有提升	
3.3 用户对社区经理的信任度	您是否愿意将社区经理/宁波供电公司推荐给同行、同事或朋友？				
	□非常愿意	□持续观望	□拒绝推荐		

续表

3.4 综合能源合作意向（仅限价值客户）	1）如果您还需要采购综合能源服务，还会选择我司吗？ ☐非常愿意　☐持续观望　☐其他选择		
	2）影响您选择综合能源服务供应商的主要因素是：		
	☐企业品牌与口碑	☐价格	☐服务　☐其他

4.对我们的意见与建议

客户签名：
服务类型：

3. 现场走访调查表（城乡社区）（见表3.4）

表3.4　现场走访调查表（城乡社区）

客户分类	[ ] 社区居委　[ ] 特殊客户	[ ] 社区管委会　[ ] 其他	访次编号	
客户名称			户号	
客户联系信息（或单位联系人及联系信息）	电话联系方式		客户微信二维码	
走访主题	[ ] 安全巡视　[ ] 客户关怀	[ ] 业务办理　[ ] 社区活动	[ ] 志愿服务　[ ] 其他	[ ] 工单投诉
客户诉求或意见（需供电公司配合服务事项、用电用能需求等）	[ ] 政策宣传　[ ] 办电业务　[ ] 用电业务　[ ] 接电业务 [ ] 增值服务　[ ] 志愿服务　[ ] 社区共建　[ ] 用能分析 [ ] 其他			
	诉求1			[ ] 现场答复 [ ] 形成工单 [ ] 转交其他事业单位
	诉求2			[ ] 现场答复 [ ] 形成工单 [ ] 转交其他事业单位
	[ ] 政策宣传　[ ] 办电业务　[ ] 用电业务　[ ] 接电业务 [ ] 增值服务　[ ] 志愿服务　[ ] 社区共建　[ ] 用能分析 [ ] 其他			
	诉求1			[ ] 现场答复 [ ] 形成工单 [ ] 转交其他事业单位
	诉求2			[ ] 现场答复 [ ] 形成工单 [ ] 转交其他事业单位
其他				

4. 现场走访调查表（工业社区）（见表 3.5）

表 3.5　现场走访调查表（工业社区）

客户分类	[ ] 社区居民　　[ ] 社区企业 [ ] 特殊客户　　[ ] 其他		访次编号	
客户名称				户号	
客户联系信息 （或单位联系 人及联系信息）	电话联系方式		客户微信二维码	
走访主题	[ ] 表后检查　　[ ] 业务代办　　[ ] 志愿服务　　[ ] 工单投诉 [ ] 诉求征集　　[ ] 社区活动　　[ ] 其他			
客户诉求或意见（需供电公司配合服务事项、用电用能需求等）	[ ] 政策宣传　　[ ] 办电业务　　[ ] 用电业务　　[ ] 接电业务 [ ] 增值服务　　[ ] 志愿服务　　[ ] 社区共建　　[ ] 用能分析 [ ] 其他			
^	诉求 1			[ ] 现场答复 [ ] 形成工单 [ ] 转交其他事业单位
^	诉求 2			[ ] 现场答复 [ ] 形成工单 [ ] 转交其他事业单位
^	[ ] 政策宣传　　[ ] 办电业务　　[ ] 用电业务　　[ ] 接电业务 [ ] 增值服务　　[ ] 志愿服务　　[ ] 社区共建　　[ ] 用能分析 [ ] 其他			
^	诉求 1			[ ] 现场答复 [ ] 形成工单 [ ] 转交其他事业单位
^	诉求 2			[ ] 现场答复 [ ] 形成工单 [ ] 转交其他事业单位
其他					

（四）海军典范

受人之托，忠人之事

常言道："身有一技之长，不怕家中断粮。"钱海军一直以来有一个心中的榜样，那就是以义务挂箱服务的方式温暖群众的徐虎。"为人民服务从点滴做起，贵在坚持。"这是徐虎的信念，也是钱海军的目标。从听说徐虎的故事开始，钱海军便萌生了利用自己的一技之长，业余时间为身边有需要的人提供义务服务的想法。

一开始，钱海军只是在身为电工的父亲的指导下，替左邻右舍换个保险丝，换个灯泡，服务对象较少，服务内容相对单一。然而人的经历总是带有那么一点偶然性，机缘巧合之下，钱海军走上了一条十几年甚至几十年不断付出辛劳和心力的义工之路。

1998年10月，钱海军从周巷老家搬到中兴小区。当时他所在的社区刚刚成立，没有业主委员会、居民委员会，也没有物业管理处，社区的管理人员和工作人员总共加起来不过六七人，特别需要帮手。有一天，钱海军在下班回家路上碰到了当时的社区文书陈亚丽。陈抱着试试看的想法同海军师傅商量："海军师傅，你在电力方面是行家，我们想邀请你加入社区的义工组织，小区居民碰到电力故障时，你给帮下忙。当然这样一来会耽误你很多休息时间，而且我还得先跟您说明，做义工是没有报酬的……"

"好的，没问题，报酬什么的都无所谓，你有什么事情尽管叫我好了。"不待陈亚丽把话说完，钱海军爽快地答应了。

第二天，钱海军就早早地来到白果树社区居委会填写了一张义工申请表，从此他就成了社区的"编外人员"。社区工作人员去居民家中走访、摸底的时候，每次都会叫上钱海军，走访过程中看到需要帮忙的脏活儿、累活儿，他都会抢着做。一些年纪大的住户问他："你是社区里新来的吧？"钱海军既不说"是"，也不说"不是"，而是直接告诉他们：

"以后有什么事记得叫上我啊。"没过多久,有一位老人家家里的日光灯不亮了,正在吃饭的钱海军接到电话,放下饭碗立即赶去修理,技术娴熟的他很快就排除了故障,老人对他赞不绝口,逢人就夸钱海军"水平高,态度好"。

除了为小区居民解决电力故障,社区里搞活动的时候,钱海军也会主动上前搭一把手。社区里的大型活动、小型活动,常能看到他忙进忙出的身影,哪怕到了现场,只是帮忙装个音响,或者代工作人员点个名、倒杯茶,代老年人填张表格,他都很乐意做。

【故事解读】

钱海军以义工身份加入社区工作者队伍,社区工作者去居民家中走访、摸底时,会叫上钱海军,这体现"政府主导、电力参与"的政电协同服务格局。

钱海军主动定期参与社区服务活动,强化社区服务黏性。

三、搜信建档

搜信建档,是指采用"线上建档、线下走访"的方式,全面搜集城市社区、农村社区、工业社区服务档案,通过登记社区档案信息,为社区供电服务提供决策支持和信息服务。

社区经理利用云服务平台和企业微信,采用线上登记、系统获取、信息共享等方式,以社区为单位,以客户为导向,以市场为驱动,分别建立一社一档、一类一案、一企一策的服务内容和服务事项。

（一）工作流程

1. 城市社区（相关流程见图3.10）

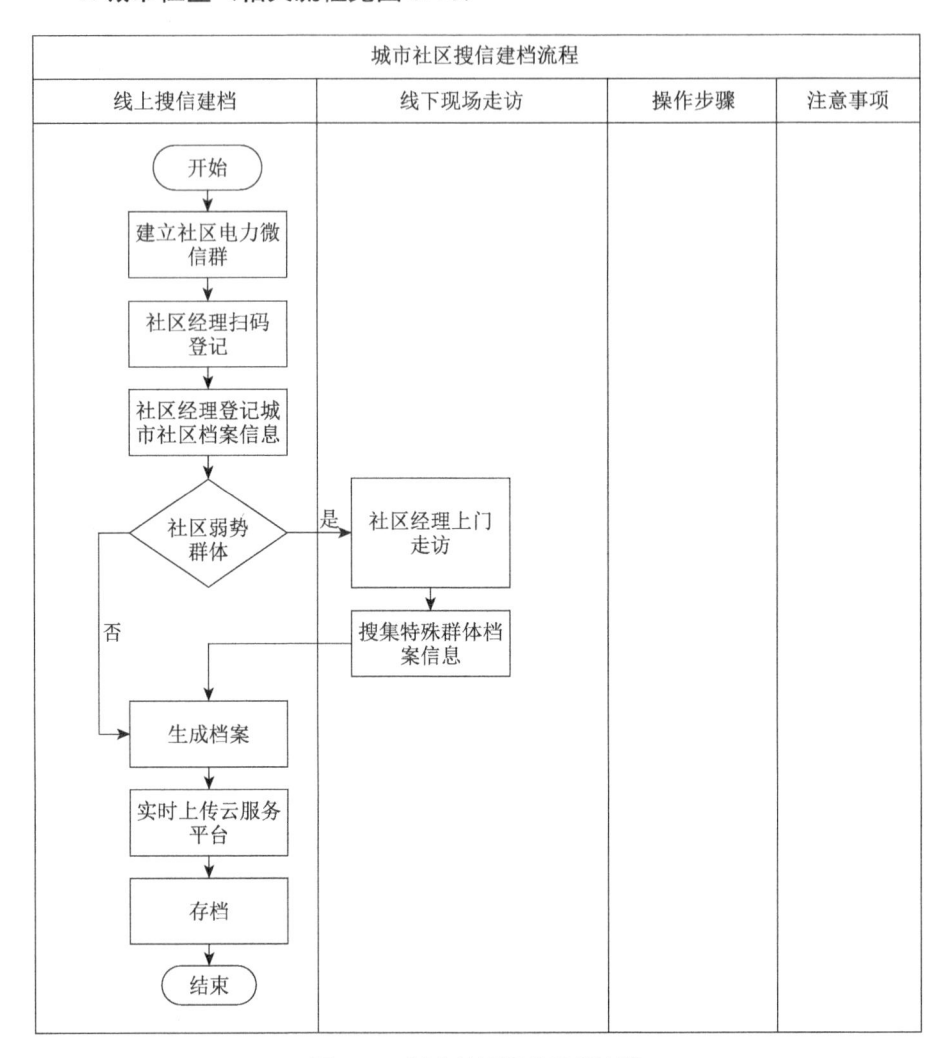

城市社区搜信建档流程			
线上搜信建档	线下现场走访	操作步骤	注意事项
开始 → 建立社区电力微信群 → 社区经理扫码登记 → 社区经理登记城市社区档案信息 → 社区弱势群体？ 否→ 生成档案 → 实时上传云服务平台 → 存档 → 结束	是→ 社区经理上门走访 → 搜集特殊群体档案信息		

图3.10 城市社区搜信建档流程

（1）操作步骤

① 建群登记：社区经理通过建立微信服务群，扫码登记，录入社区服务档案信息。

② 采集信息：社区经理通过社区居委主动走访、弱势群体上门走访等方式，收集社区基本信息、电力信息和服务信息。

③ 生成档案：按照档案信息要求，采用人工登记、系统数据自动填入等方式形成城市社区服务档案。

④ 上传云端：将社区服务档案人工录入云服务平台。

（2）注意事项

社区经理在搜信建档时：① 提前了解档案信息采集要求，掌握档案信息搜集重点；② 及时登记、更新、完善档案，确保客户信息真实、有效。

2. 工业社区（相关流程图见图 3.11）

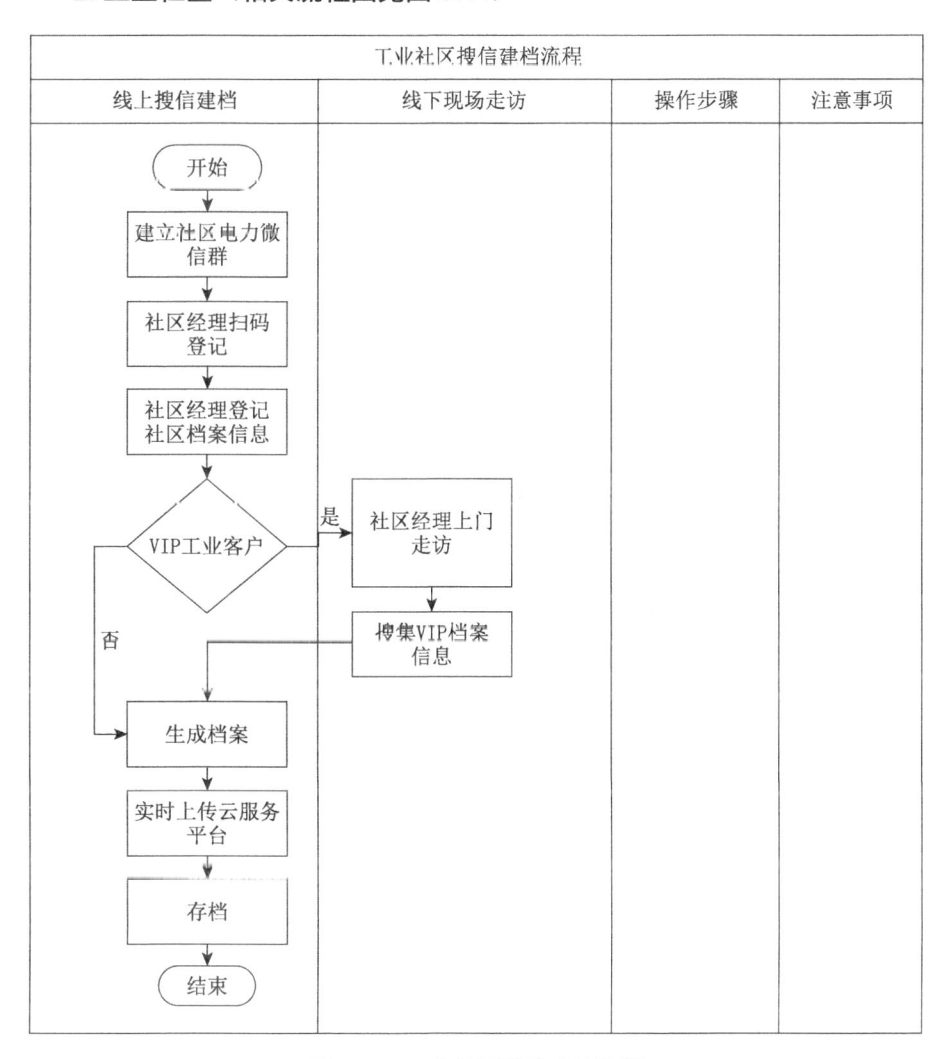

工业社区搜信建档流程			
线上搜信建档	线下现场走访	操作步骤	注意事项
（流程图）			

图 3.11　工业社区搜信建档流程

（1）操作步骤

① 建群登记：社区经理通过建立微信服务群，扫码登记，录入社区服务档案信息。

② 采集信息，组织走访：社区经理通过园区管委会主动走访、VIP客户上门走访等方式，收集社区基本信息、电力信息和服务信息。

③ 生成档案：按照档案信息要求，采用人工登记、系统数据自动填入等方式形成工业社区服务档案。

④ 上传平台：将社区服务档案人工录入云服务平台。

（2）注意事项

社区经理在搜信建档时：① 提前了解档案信息采集要求，掌握档案信息搜集重点；② 及时登记、更新、完善档案，确保客户信息真实、有效。

3. 农村社区（相关流程见图3.12）

（1）操作步骤

① 建群登记：社区经理通过建立微信服务群，扫码登记，录入社区服务档案信息。

② 采集信息：社区经理通过村委主动走访、社区弱势群体、低保户上门走访等方式，收集社区基本信息、电力信息和服务信息。

③ 生成档案：按照档案信息要求，采用人工登记、系统数据自动填入等方式形成农业社区服务档案。

④ 上传平台：将社区服务档案人工录入云服务平台。

（2）注意事项

社区经理在搜信建档时：① 提前了解档案信息采集要求，掌握档案信息搜集重点；② 及时登记、更新、完善档案，确保客户信息真实、有效。

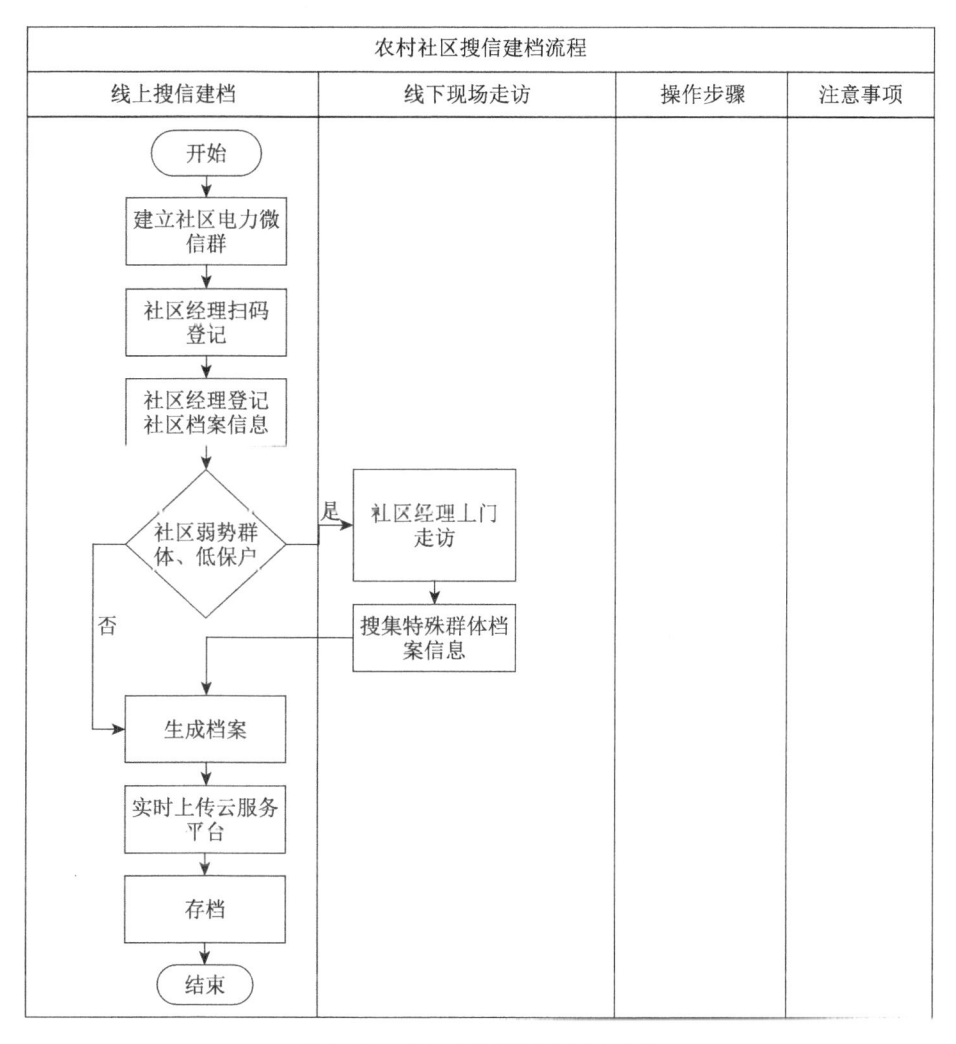

农村社区搜信建档流程			
线上搜信建档	线下现场走访	操作步骤	注意事项
开始 → 建立社区电力微信群 → 社区经理扫码登记 → 社区经理登记社区档案信息 → 社区弱势群体、低保户（是/否）→ 生成档案 → 实时上传云服务平台 → 存档 → 结束	社区经理上门走访 → 搜集特殊群体档案信息		

图 3.12　农村社区搜信建档流程图

（二）工作要求

1. 一社一档

（1）*服务质量要求*

① 社区经理应明确以社区居委（管委会）作为主要建档对象，针对特殊群体，可采用入户建档方式；针对企业客户，可利用用电检查、客户走访等方式进行建档。

② 社区经理应在每月 3 日之前更新档案信息，应确保供电服务档案的信息准确性和真实性。

③ 不准对外泄露客户用电申请资料、基础信息等，或未经身份核实提供客户用电信息（见《国家电网有限公司一线员工供电服务行为规范》）。

（2）知识技能要求

① 社区经理应熟练掌握营销 2.0、云服务平台、i 国网、企业微信等系统界面使用能力，具备采用线上线下等多渠道有效收集客户信息、完善客户画像、建立客户档案的能力。

② 社区经理应及时、准确、高效回应客户咨询，拥有专业知识储备、高效沟通能力和关系维护能力。

③ 社区经理具备供用电合同管理能力。

2. 一类一案

（1）服务质量要求

① 社区经理应明确以重要客户清单、设备隐患缺陷、志愿服务对象作为社区主要建档对象，收集信息、建立档案。

② 社区经理应在每月 3 日之前更新档案信息，应确保供电服务档案的信息准确性和真实性。

（2）知识技能要求

① 社区经理应熟练掌握营销 2.0、云服务平台、i 国网、企业微信等系统界面使用能力，具备采用线上线下等多渠道有效收集客户信息、完善客户画像、建立客户档案的能力。

② 社区经理应及时、准确、高效回应客户咨询，具备专业知识储备、高效沟通能力和关系维护能力。

3. 一企一策

（1）行为标准要求

社区经理应明确以企业客户作为主要建档对象。

(2)服务质量要求

社区经理应在每月 3 日之前更新档案信息,应确保供电服务档案的信息准确性和真实性。

(3)知识技能要求

① 社区经理应熟练掌握营销 2.0、云服务平台、i 国网、企业微信等系统界面使用能力,采用线上线下等多渠道有效收集客户信息,完善客户画像,建立客户档案。

② 社区经理应及时、准确、高效回应客户咨询,拥有专业知识储备、高效沟通能力和关系维护能力。

③ 社区经理应具备各类票据的规范使用能力。

④ 社区经理应具备业务档案管理能力。

(三)实操工具

1. 一社一档

(1)城市社区档案

1)基本信息类(见表 3.6)

表 3.6　城市社区档案(基本信息类)

社区名称			档案编号	
社区地址	省　市　县(市/区)　　街道(镇/乡)　　社区(居委会/村) 道路　　　小区			
社区书记	[姓名]	[联系电话]		
网格员 1	[姓名]	[联系电话]		
网格员 2	[姓名]	[联系电话]		
社区经理	[姓名]	[联系电话]	[二维码]	
社区基本概况				
社区户数	[数量]	电力用户数	[数量]	

续表

社区面积	[数量]	村庄数量		[数量]（点击显示每个村书记、村长及联系信息）	
集体经济收入	[万元]	集体经营性收入		[万元]	
社区标签	文化旅游型	城乡融合型		产业经济型	
居民标签	（70周岁以上老人人数）	（学生人数）	（外来租户人数）	（五保户）	（独居老人）

2）电力信息类（见表3.7）

表3.7 城市社区档案（电力信息类）

社区名称		档案编号	
城市电网基本信息			
配变台数	[数量]	配变容量	[容量]
用电户数	[数量]	户均配变容量	[容量]
充电桩充电量	[数量]	充电桩容量	[容量]
光伏年度发电量	[数量]	光伏容量	[容量]
单电源小区	[数量]	地下配电站房	[数量]
填写说明：该表格自动生成，点击"数量"/"容量"链接到相应清单			

3）服务信息类（见表3.8）

表3.8 城市社区档案（服务信息类）

社区名称		档案编号	
社区服务渠道			
微信群是否已建立	是[ ] 否[ ]	云服务是否已建立	是[ ] 否[ ]
驿站入驻情况	是[ ] 否[ ]	驿站类型	

续表

工单处理跟踪				
高频工单未闭环跟踪	充电桩	数量 [ ]	点击数量链接到相应工单清单	
	表计校验	数量 [ ]	点击数量链接到相应工单清单	
	频繁停电	数量 [ ]	点击数量链接到相应工单清单	
	其他	数量 [ ]	点击数量链接到相应工单清单	
客户走访联办				
社区走访概况	(月度走访次数)		(走访重点)	(存档信息)
是否有其他公共服务联办	是 [ ] 否 [ ]			
公共联办基本情况	水电气讯联办	数量 [ ]	(手动填写)	
	工商变更 + 更名	数量 [ ]		
	不动产 + 供电联动过户	数量 [ ]		

(2) 农村社区档案

1) 电力信息类（见表 3.9）

表 3.9　农村社区档案（基本信息类）

社区名称			档案编号	
社区地址	省　市　县（市/区）　街道（镇/乡）　社区（居委会/村）道路　　小区			
社区书记	[姓名]	[联系电话]		
网格员 1	[姓名]	[联系电话]		
网格员 2	[姓名]	[联系电话]		
社区经理	[姓名]	[联系电话]	[二维码]	

续表

社区基本概况			
社区户数	[数量]	电力用户数	[数量]
社区面积	[数量]	村庄数量	[数量] 点击显示每个村书记、村长及其联系信息
集体经济收入	[万元]	集体经营性收入	[万元]
社区标签	文化旅游型	城乡融合型	产业经济型
居民标签	（70周岁以上老人人数）	（学生人数）（外来租户人数）	（五保户）（独居老人）

2）电力信息类（见表3.10）

表3.10 农村社区档案（电力信息类）

社区名称		档案编号	
农村电网基本信息			
配变台数	[数量]	配变容量	[容量]
用电户数	[数量]	户均配变容量	[容量]
充电桩充电量	[数量]	充电桩容量	[容量]
光伏年度发电量	[数量]	光伏容量	[容量]
填写说明：该表格自动生成，点击"数量"/"容量"链接到相应清单			
乡村电气化信息			
全电民宿	[数量]	全电景区	[数量]
电炒茶居民	[数量]	全电厨房	[数量]
电气化大棚	[数量]		
填写说明：该表格手动填写			

3）服务信息类（见表 3.11）

表 3.11　农村社区档案（服务信息类）

社区名称				档案编号	
社区服务渠道					
微信群是否已建立	是 [ ]　否 [ ]		云服务是否已建立	是 [ ]　否 [ ]	
驿站入驻情况	是 [ ]　否 [ ]		驿站类型		
工单处理跟踪					
高频工单未闭环跟踪	线路低电压	数量 [ ]	点击数量链接到相应工单清单		
	表箱缺陷	数量 [ ]	点击数量链接到相应工单清单		
	充电桩	数量 [ ]	点击数量链接到相应工单清单		
	其他	数量 [ ]	点击数量链接到相应工单清单		
客户走访联办					
社区走访概况	（月度走访次数）		（走访重点）	（存档信息）	

（3）工业社区档案

1）基础信息类（见表 3.12）

表 3.12　工业社区档案（基本信息类）

社区名称			档案编号	
社区地址	省　市　县（市/区）　街道（镇/乡）　社区（居委会/村） 道路　　　小区			
社区书记	[姓名]	[联系电话]		
网格员 1	[姓名]	[联系电话]		
网格员 2	[姓名]	[联系电话]		
社区经理	[姓名]	[联系电话]		[二维码]

续表

社区基本概况			
社区户数	[数量]	电力用户数	[数量]
社区面积	[面积]	社区企业员工	[数量]
集中宿舍	[数量]		
社区标签	□ 产业集聚类型	□ 危化化工　□ 装备制造　□ 电子芯片	
企业标签	□ 规上企业数量　□ 专精特新"小巨人"企业 □ 单项冠军企业　□ 国家级实验室 □ 上市企业		

2）电力信息类（见表3.13）

表 3.13　工业社区档案（电力信息类）

社区名称		档案编号			
运行容量	_____kVA	年生产总值	_____万元		
市场化需求信息					
参与市场化数量	数量[ ]	参与绿电交易数量	数量[ ]		
兜底用户数	数量[ ]	零售用户数量	数量[ ]		
批发用户数量	数量[ ]	代理购电用户数量	数量[ ]		
业扩需求信息	容量[ ]				
源网储资源信息					
光伏年度发电量	电量[ ]	储能充放电电量	电量[ ]	充电桩充电量	电量[ ]
光伏容量	容量[ ]	储能容量	容量[ ]	充电桩数量	数量[ ]
变电站	容量[ ]	开关站	数量[ ]	可开放容量	容量[ ]
荷侧可调资源					
空调可调	容量[ ]				
可中断负荷	容量[ ]				
自备应急电源	容量[ ]				
填写说明：该表格自动生成，点击"数量"/"容量"链接到相应工单清单					

3）服务信息类（见表 3.14）

表 3.14　工业社区档案（服务信息类）

社区名称				档案编号	
社区服务渠道					
微信群是否已建立	是 [ ]　否 [ ]		云服务是否已建立	是 [ ]　否 [ ]	
驿站入驻情况	是 [ ]　否 [ ]		驿站类型		
工单处理跟踪					
高频工单未闭环跟踪	故障抢修	数量 [ ]	点击数量链接到相应工单清单		
	电费账务	数量 [ ]	点击数量链接到相应工单清单		
	业扩报装	数量 [ ]	点击数量链接到相应工单清单		
	其他	数量 [ ]	点击数量链接到相应工单清单		
客户走访联办					
社区走访概况	（月度走访次数）		（走访重点）	（存档信息）	
是否有其他公共服务联办	是 [ ]　否 [ ]				
公共联办基本情况	水电气讯联办	数量 [ ]	手动填写		
	工商变更+更名	数量 [ ]			
	银行及其他待办	数量 [ ]			

2. 一类一案

（1）重要客户档案（见表3.15）

表3.15 重要客户档案

社区名称			档案编号	
敏感标签	[ ]信访户　　[ ]人大代表　　[ ]频繁拨打服务热线人员			
敏感用户信息				
户名		户号		
用电地址		联系方式		
敏感人员		敏感人员联系方式		
敏感事项					
闭环情况					
敏感用户走访基本概况	（月度走访次数）	（走访重点）	（存档信息）	

（2）设备缺陷档案（见表3.16）

表3.16 设备缺陷档案

社区名称		档案编号	
敏感标签	[ ]设备类　[ ]工器具　[ ]站房		
设备缺陷信息			
户名		户号	
用电地址		联系方式	
高危及重要客户分类		重要客户级别	
缺陷来源		缺陷等级	

续表

存在隐患具体内容描述（要求翔实具体，包括但不限于供电电源、自备电源的容量和响应时间、非电保安措施等内容）			
闭环情况 缺陷用户走访基本概况	（月度走访次数）	（走访重点）	（存档信息）

（3）志愿服务档案（见表 3.17）

表 3.17 志愿服务记录表格

社区名称			档案编号			
志愿者姓名		性别		联系方式		
活动名称						
活动地址						
活动日期						
活动组织单位						
志愿者负责人姓名						
服务总人数						
服务类别	①助残服务　②敬老服务　③支农支教　④抗灾救灾 ⑤环保服务　⑥医疗服务　⑦公益讲解服务　⑧其他类别					
服务内容（服务情况简介）						
服务评价（可出具相关证明材料）						
备注	组织单位签章：（公章）					

3. 一企一策（见表3.18）

表3.18 企业客户基本信息表

企业名称		企业占地面积		企业存续年限	
企业地址		企业功能		对接人及电话	
用电注册时间					
企业节能改造项目【已有/正在进行】					
能耗监测系统	LED灯具更换	空调控制改造	热水改造	锅炉改造	照明控制	其他
□是 □否	□是 □否	□是 □否	□是 □否	□是 □否	□是 □否	
设备情况					
冷热源	□VRV多联机空调　□分体空调 □风冷机组　□水冷机组　□磁悬浮机组　□地源、水源热泵 □锅炉（燃气、电、柴油）　□溴化锂（燃气、蒸汽） □市政（能源站、蒸汽、热水） □其他：_____ □有控制系统：□空调系统　□楼宇自控BA系统　□风机盘管控制系统 □新风机组系统　□锅炉系统　□有变频控制				
空调主机型号		主机数量		循环泵功率		循环泵数量	
锅炉型号		锅炉数量		循环泵功率		循环泵数量	
新风机组型号		机组数量		风机盘管数量		分体空调数量	
生活热水	□市政蒸汽　□市政热水　□热水锅炉　□太阳能　□空气源				
照明灯具数量		公区每日照亮小时数		办公房间数量		照明控制		□单灯 □回路

续表

资料提供
□三年逐月用能账单及建筑面积证明（房产证） □建筑图纸（建筑面积、年限、设计标准、围护结构） □暖通图纸（设备参数信息、暖通原理图） □电气图纸（电力线路、变电所、各楼宇及房间电路、能源监测、装修图纸一般在电气图纸中，可能包含照明） □给排水图纸（给排水管网系统、口径、数量、功能） □设备清单（所有用能设备：照明设备、暖通设备、办公设备、给排水设备、洁具和灶具） □其他

（四）海军典范

100多位空巢老人的"好儿子"

"空巢老人"这个名词越来越为人们所熟知。就字面而言，空巢老人就是指没有子女照顾、单居或双居的老人。空巢老人又分成三种：一种是无儿无女的孤寡老人，一种是子女在当地但与子女分开居住的老人，还有一种是儿女在外地不得已独守空巢的老人。空巢老人多患有"家庭空巢综合征"，面临年老体弱、无人赡养、就医困难等窘境，同时在精神上孤独寂寞，缺乏慰藉。

2014年嘉兴和蚌埠空巢老人事件轰动一时，经过各大报纸、电视、网络媒体转载、报道，引发国人对空巢老人越来越多却缺乏有效照料的社会现象的隐忧以及对如何关爱空巢老人的讨论。自此钱海军共产党员服务队联合慈溪供电公司党建部开会讨论，成立暖心工作小组，开展服务空巢老人专项行动。

他们一边组织人员在虞波社区、三碰桥社区、舒苑社区、团圈社区、青少年宫路社区、白果树社区、金山社区、孙塘社区8个共建社区进行实地走访、调查，了解空巢老人的情况；一边在微博、微信、报纸等新旧媒体上发布"寻人启事"，全城搜索那些子女长期在宁波大市范围以外生活不常能回来陪伴左右，遇到难处只能自己扛着，没有人帮忙解决的70岁以上的空巢老人。

为了方便那些身边有空巢老人或者掌握空巢老人信息的知情人告知联系，他们还专门开通了两条服务热线，24小时接听来电，并将收到的老人姓名、年龄、住址、联系方式等信息记在本子上，由志愿者与老人取得联系，前去了解情况。

时间过得飞快，一转眼已是半月有余，钱海军和唐洁带着其他志愿者走访了98户空巢老人，将空巢老人大致归为以下几类：第一类，是遇到困难无处求助，由此产生住养老院想法的老人；第二类，是因为心疼儿女，啥事都愿意自己担着的老人；第三类，是盼着有人每天与自己聊天但苦于找不到对象的老人。

【故事解读】

钱海军为老年客户个性化定制空巢老人档案，包括老人姓名、年龄、住址、联系方式等信息，并将空巢老人进行分层分类管理，实现老年人差异化服务。

四、业务办理

（一）工作流程

业务办理，包括客户重点关注的账单到户、业务代办、安全服务、资源交互、社区共建等社区服务工作事项，规范社区经理从收集信息、现场办理、联动协调、跟踪进度到最终结果发布的工作流程。

1. 账单到户（相关流程见图 3.13）

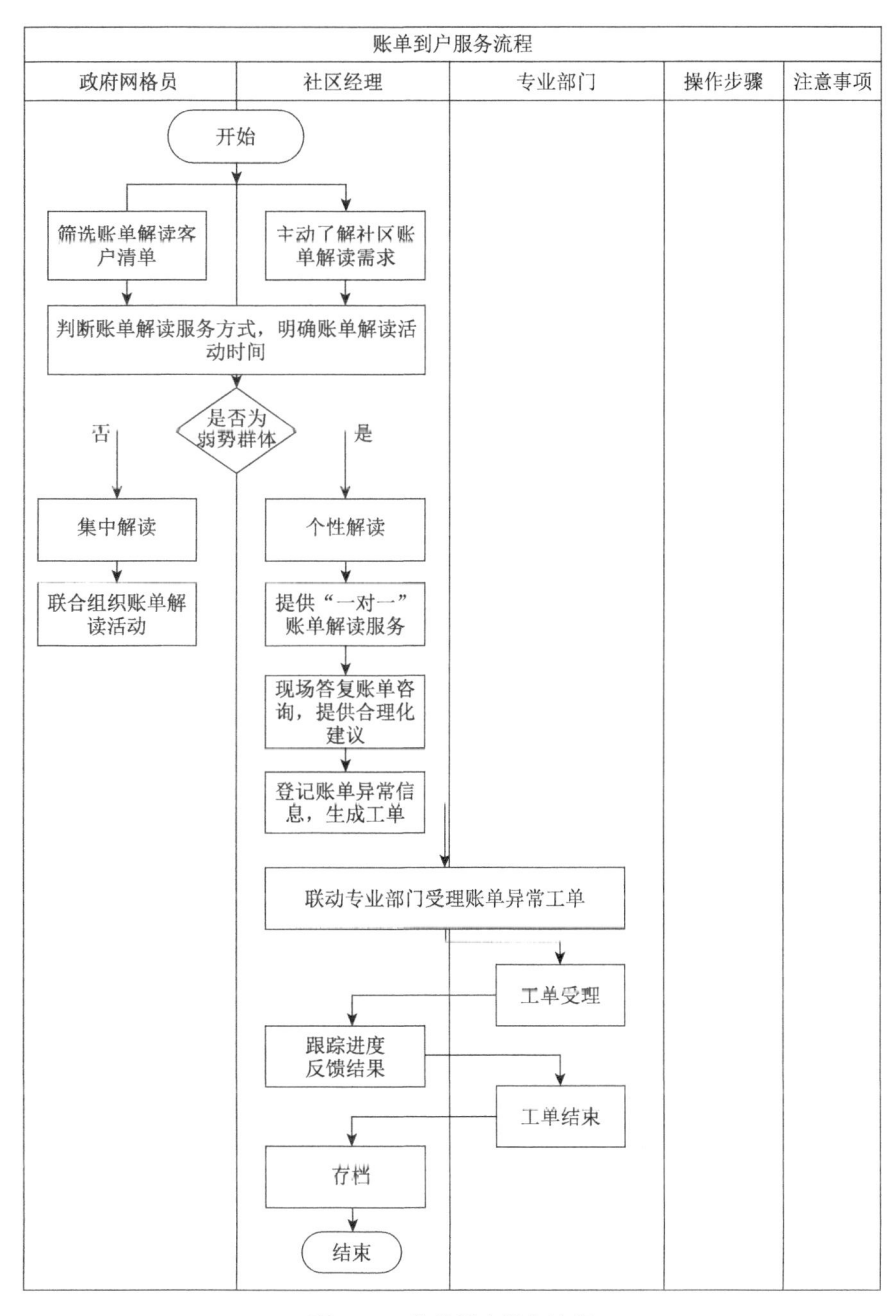

账单到户服务流程				
政府网格员	社区经理	专业部门	操作步骤	注意事项

```
政府网格员                社区经理                            专业部门
                          [开始]
         ┌────────────────┴────────────────┐
[筛选账单解读客户清单]          [主动了解社区账单解读需求]
                          │
              [判断账单解读服务方式，明确账单解读活动时间]
                          │
                   <是否为弱势群体>
         ┌────否──────────┴──────是────────┐
    [集中解读]                        [个性解读]
         │                                │
    [联合组织账单解读活动]         [提供"一对一"账单解读服务]
                                          │
                                  [现场答复账单咨询，提供合理化建议]
                                          │
                                  [登记账单异常信息，生成工单]
                                          │
                          [联动专业部门受理账单异常工单]
                                                              │
                                                         [工单受理]
                                          ┌───────────────────┘
                                  [跟踪进度反馈结果]
                                          │
                                                         [工单结束]
                                          ┌───────────────────┘
                                     [存档]
                                          │
                                     [结束]
```

图 3.13　账单到户服务流程

65

1）操作步骤

① 受理咨询：社区经理通过主动走访了解社区账单解读需求，或联动政府社区网格员筛选客户服务清单，获取账单解读服务信息，排定账单解读服务计划。

② 判断解读方式：社区经理通过区分企业客户、居民客户、弱势群体等受众群体，明确集中解读或个性解读服务方式。

③ 现场答复：现场答复客户对于电费账单的疑问，回应电价政策、用电异常、电费结构等。

④ 生成工单、跟踪闭环：若客户的账单疑问无法当场回复，应记录客户姓名、联系方式、具体问题等，生成工单，并转交专业部门处置，跟踪处置结果。

⑤ 存档：账单解读服务诉求、服务工单、服务信息，存入社区供电服务档案。

2）注意事项

社区经理在进行账单解读时：① 及时学习最新价费政策；② 及时跟踪、闭环现场未办结事项。

2. 业务代办（相关流程见图 3.14）

1）操作步骤

① 筛选对象：社区经理通过联动社区网格员筛选业务代办对象。

② 上门走访：社区经理联动社区网格员上门走访，了解代办信息。

③ 代办工单平台生成：社区经理遇到简单业务时直接办结；遇到复杂业务时生成工单，流转至专业部门处理解决。

④ 代办跟踪、闭环：社区经理跟踪复杂业务代办结果，告知客户办理信息，存入社区服务档案。

2）注意事项

社区经理在进行业务代办时：① 全面了解简单业务、复杂业务、线上业务的办理区别；②作为首问负责第一人，全面跟踪、闭环业务处理结果。

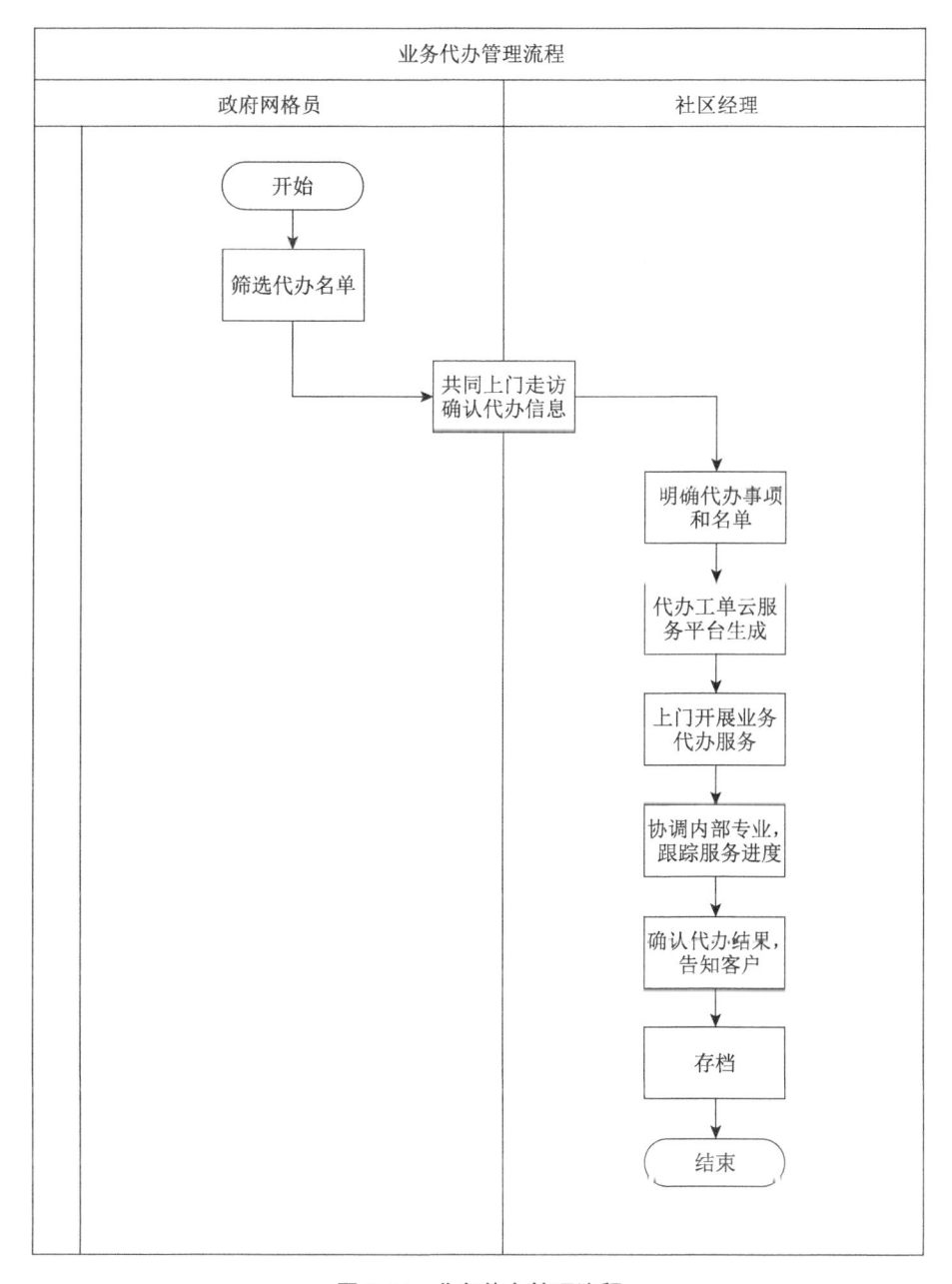

业务代办管理流程	
政府网格员	社区经理
开始 → 筛选代办名单 →	共同上门走访确认代办信息 → 明确代办事项和名单 → 代办工单云服务平台生成 → 上门开展业务代办服务 → 协调内部专业，跟踪服务进度 → 确认代办结果，告知客户 → 存档 → 结束

图 3.14 业务待办管理流程

3. 安全服务

（1）安全培训（见图3.15）

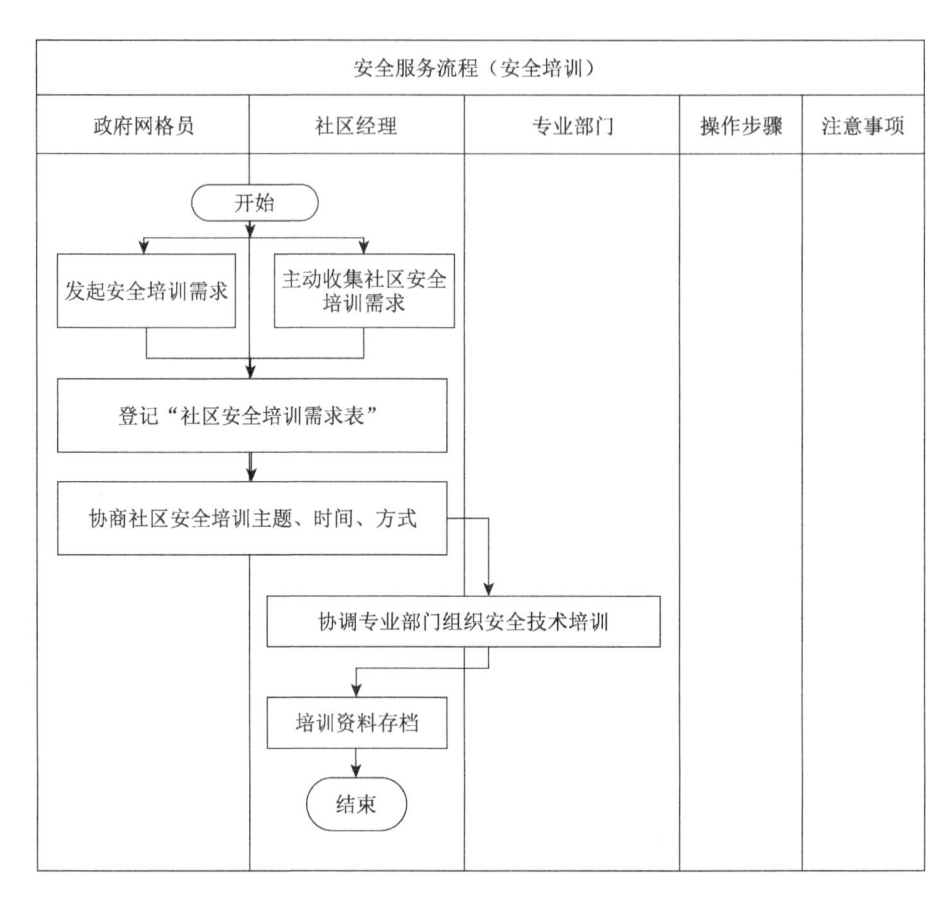

安全服务流程（安全培训）					
政府网格员	社区经理	专业部门	操作步骤	注意事项
发起安全培训需求 → 登记"社区安全培训需求表" → 协商社区安全培训主题、时间、方式	开始 → 主动收集社区安全培训需求 → 协调专业部门组织安全技术培训 → 培训资料存档 → 结束			

图 3.15　安全服务流程（安全培训）

1）操作步骤

① 收集需求：社区经理通过联动社区网格员和自己主动走访，收集社区安全培训需求。

② 登记在册：社区经理登记"社区安全培训需求表"，了解员工社区安全培训的必要性。

③ 组织培训：社区经理与政府网格员协商社区安全培训主题、时间、方

法，协调专业部门组织安全集训。

④ 培训资料存档：社区经理将培训资料存入社区服务档案。

2）注意事项

社区经理在开展安全培训时，应熟悉社区安全服务工作事项。

（2）隐患闭环（见图 3.16）

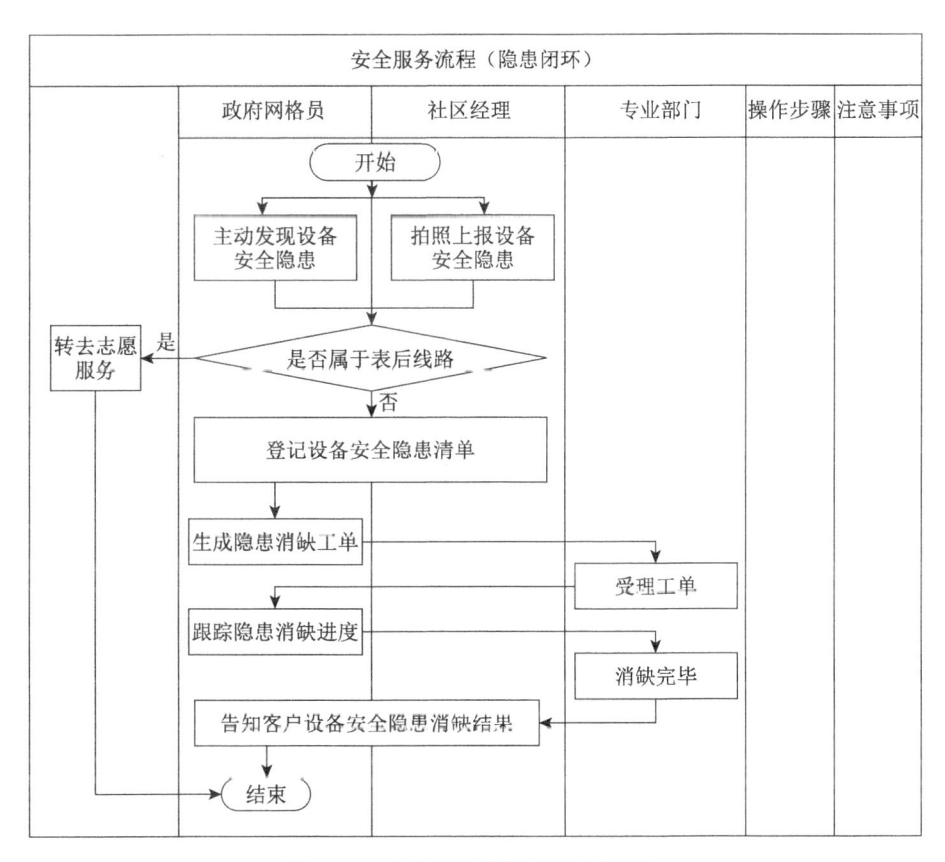

图 3.16 安全服务流程（隐患闭环）

1）操作步骤

① 收集需求：社区经理通过联动社区网格员和自己主动走访，收集社区隐患信息。

② 判断场景：社区经理判断服务是否属于表后服务，如果不是表后服

务，登记设备隐患清单；如果是表后服务，转为志愿服务项目。

③ 登记隐患，生成工单：社区经理与政府网格员协商社区安全培训主题、时间、方法，协调专业部门组织安全集训。

④ 跟踪进度、闭环：社区经理跟踪复杂业务代办结果，告知客户办理信息。

2）注意事项

① 社区经理在做安全服务时必须确保人身和设备安全，遵守《国家电网公司电力安全工作规程》，不得触碰带电部位，与带电设备保持安全距离。

② 若发现公用配电设施存在隐患，应及时记录并告知团队长；若在能力范围内，如关闭表箱门等，应及时消除。若发现窃电现象时，应立即拍照留作证据，通过服务平台及时派单到专业部门进行处理，跟踪处理结果。

4. 资源交互（相关流程见图3.17）

1）操作步骤

① 收集需求：社区经理通过联动社区网格员和自己主动走访，主动收集社区相关需求。

② 登记在册：社区经理登记"工业社区互动资源登记表"。

③ 协商方案、协调评估：社区经理与政府网格员协商社区互动资源建设方案，协调专业部门组织互动资源评估。

④ 跟踪结果，闭环评估：社区经理跟踪复杂业务代办结果，告知客户办理信息。

2）注意事项

社区经理在做资源交互时：①学习掌握工业社区综合能源服务相关政策、知识；② 主要完成互动资源诉求收集、登记、受理、跟踪、回访闭环等步骤。

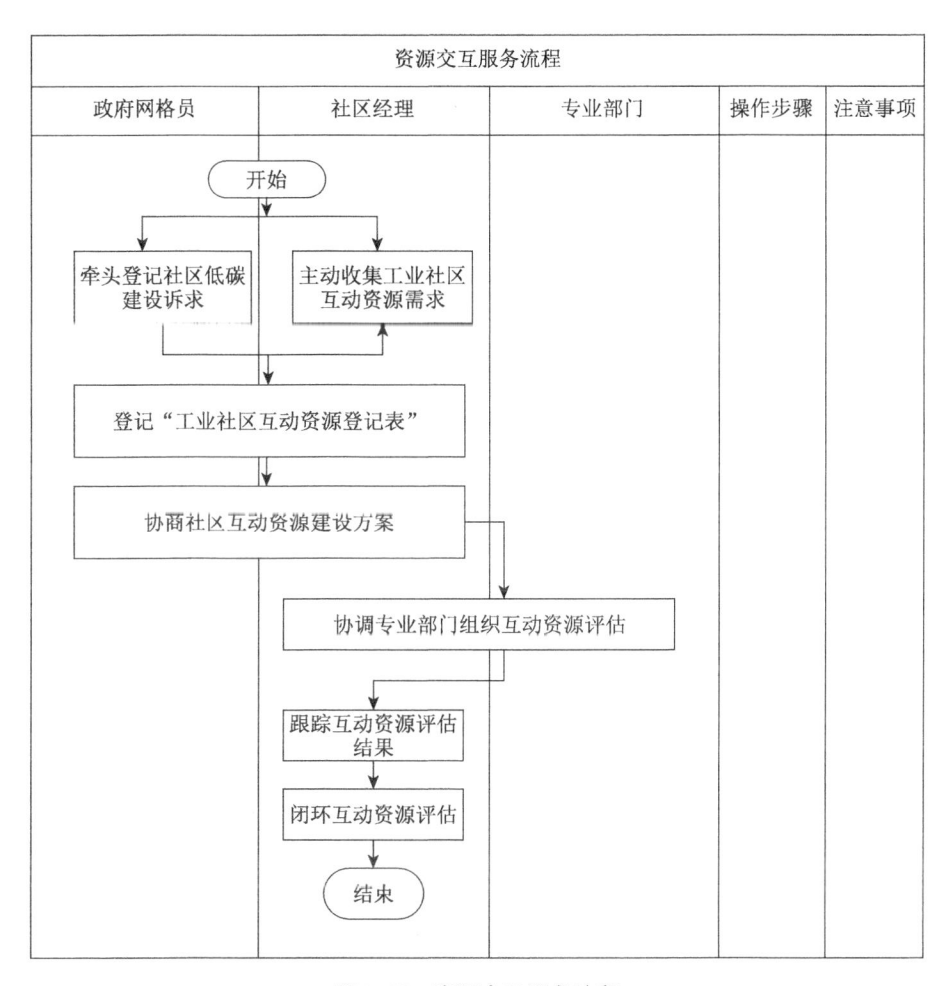

资源交互服务流程					
政府网格员	社区经理	专业部门	操作步骤	注意事项	

图 3.17 资源交互服务流程

5. 社区共建（相关流程见图 3.18）

1）操作步骤

① 签订共建协议：社区经理通过签订社区共建合作协议，明确社区共建身份。

② 发起共建申请：社区经理发起社区共建活动申请，告知社区共建重点诉求。

③ 组织共建活动：社区经理与政府网格员协商推进共建电力事项。

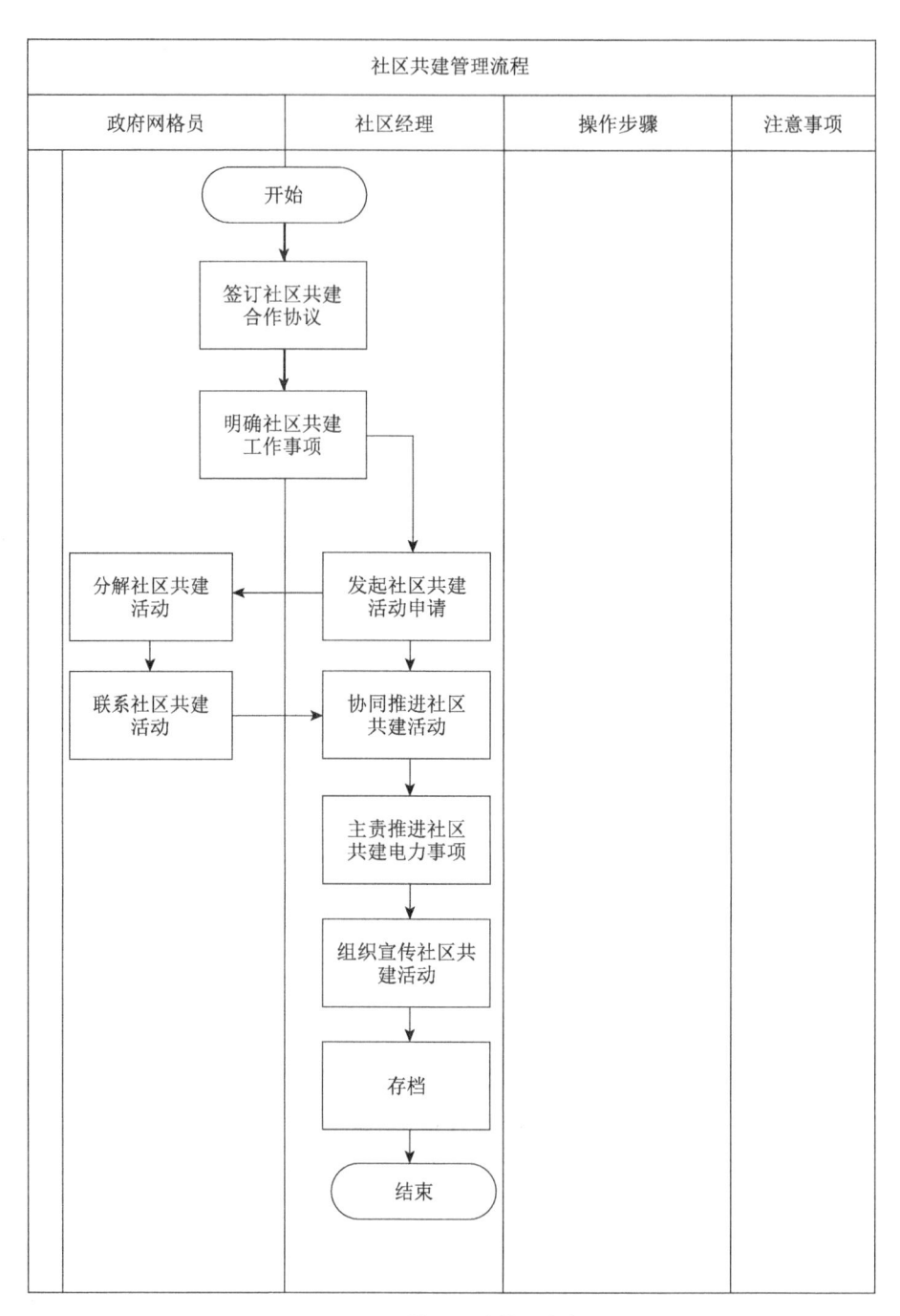

社区共建管理流程			
政府网格员	社区经理	操作步骤	注意事项
	开始 → 签订社区共建合作协议 → 明确社区共建工作事项 → 发起社区共建活动申请 → 协同推进社区共建活动 → 主责推进社区共建电力事项 → 组织宣传社区共建活动 → 存档 → 结束；分解社区共建活动 → 联系社区共建活动		

图 3.18 社区共建管理流程

④ 存档共建信息：社区经理及时存档共建活动信息、共建诉求等事项。

2）注意事项

社区经理在做社区共建时：① 学习掌握社区共建协议签订方式和协议内容；② 主要完成社区共建诉求收集、登记、受理、跟踪、回访闭环等步骤。

（二）工作要求

1. 账单到户

（1）服务质量要求

① 普通电子发票，应通过电子渠道推送给客户，客户电费结清后可选择自助打印。增值税专用发票，在未实现电子化前，与客户约定后应提前打印，以备客户索取或主动邮寄送达客户。［参见《供电服务标准》（Q/GDW 10403—2021）］

② 社区经理应在账单发出 7 日内主动联络社区居委征询账单解读诉求。

③ 客户提出结算电量数据异常后，5 个工作日内核实并答复。（参见《国家电网有限公司一线员工供电服务行为规范》）

④ 不准在微信群、公告栏等公共平台发布客户电费及个人信息。（参见《国家电网有限公司一线员工供电服务行为规范》）

⑤ 应及时向服务对象反馈业务受理进展情况，在承诺时限内完成事项办理。

（2）知识技能要求

① 社区经理应掌握电费电价政策，掌握各类用电户电价执行标准和电费计算知识，具备电费电价政策解读能力。掌握各类用电户电费计算方法，如居民阶梯电价、单一制电价、两部制电价客户电费的计算方式，具备电费计算能力。

② 社区经理应掌握低压居民和企业电费违约金计算知识；掌握电费催收、拖欠电费情况处理方法，具备电费违约处理、催收、拖欠处理能力。

③ 社区经理应掌握移动作业终端使用方法、电能表电量抄读方式、电能表电量异常处理方法，具备移动作业终端、电能表电量抄读和电量异常处理能力。

2. 业务代办

（1）服务质量要求

① 不准通过延迟录入业务受理时间、"先勘查后受理"等方式"体外循环"。不准扩大业务受理的收资范围，提高收资门槛，或向客户重复收取已有办电资料。不准利用个人账户代收客户电费、业务费，或擅自更改收费标准、自立收费项目。不准无故拒绝客户合理用电申请，推诿搪塞客户正常用电咨询。不准利用职务便利，私自承揽客户工程，搭车推广与办电无关的业务。（参见《国家电网有限公司一线员工供电服务行为规范》）

② 客户申请变更用电涉及用电类别的，应重点核实现场用电性质，并由客户签字确认。减容、暂停应按照客户申请的时间和停用的容量规范实施封停，避免客户无痕私自启封。（参见《国家电网有限公司一线员工供电服务行为规范》）

③ 收到用户用电申请相关信息后，应主动告知客户办理程序、服务时限及注意事项，协助客户办理相关手续；办理过程中，因第三方原因造成业务办理受阻的，向客户做好解释说明。（参见《国家电网有限公司一线员工供电服务行为规范》）

④ 对允许代办的供电服务类事项，在服务对象自行办理有困难的情况下，可提供代办服务；对于不能代办的事项，应做好沟通解释工作。

⑤ 对孤寡、伤病（残）等特殊人群，可实行上门代办服务。

⑥ 应熟悉业务办理事项的办事依据、条件、程序、所需材料、时限、收费标准等内容，协助服务对象准备申请材料。

⑦ 事项办理过程中，应及时向服务对象反馈业务受理进展情况，在承诺时限内完成事项办理。

⑧ 代办服务为无偿服务，不应收取社区费用、礼品等。

⑨ 对当场不能办结的服务事项，应一次性告知服务对象原因、正规流程、办理时限等。

⑩ 对需要上报街道（乡镇）和专业部门、上级部门处理的事项应尽快上报，并告知服务对象相关规定和承办时间。

⑪ 回访时应了解客户办电过程中对供电服务工作的评价及满意程度。高压业扩、增容服务在业务受理环节和装表接电并归档后的 7 个工作日内分别完成回访、减容、暂停、分布式电源项目新装、低压新装、低压增容业务，在归档后 7 个工作日内集中开展一次回访。[参见《供电服务标准》（Q/GDW 10403—2021）]

（2）知识技能要求

① 社区经理应掌握电工基础知识、配电设备和线路的相关知识，具备简单业务直接办理能力。

② 社区经理应掌握网上国网使用、线上缴费、智能缴费推广等能力，掌握网上国网 APP 注册绑定、实名认证、办电、缴费、查询等功能应用，具备线上缴费、智能缴费等相关操作能力。

③ 社区经理应掌握移动作业终端、业务受理一体机等终端设备操作能力。

④ 社区经理应掌握"两票"使用规定，具备"两票"操作能力。

⑤ 社区经理应具备简单变更类业扩业务直接办理能力，包括直接办理城市（农村）社区的更名/过户、一户多人口、峰谷电变更等简单业务，工业社区的容量变更、需量值变更、增值税变更、电价策略等相关业务。

⑥ 社区经理应具备复杂业扩高效收资能力。针对城市（农村）社区的新装、更名/过户、增容、电表校验、光伏签约等业务，工业社区的更名/过户、电表校验、新装增容、暂停、减容、市场化服务等复杂业务，具备履行登记、收资能力，能够联动专业部门跟踪、闭环。

⑦ 社区经理应具备低压线路安装能力。

⑧ 社区经理应具备故障处置能力。

⑨ 社区经理应具备应急抢修能力。

⑩ 社区经理应掌握信息系统应用知识。

3. 安全服务

（1）服务质量要求

① 社区经理按月征集社区居委（管委会）安全服务需求，频次不少于一个月一次。

② 社区经理应定期开展社区安全服务培训，举办面向社区居民的用电安全知识普及、教育等活动。

③ 针对重要客户，定期开展用电安全检查，做到服务、通知、报告、督导"四到位"，并主动协助客户编制停电应急预案，开展停电应急演练，提高客户安全用电水平和应急响应能力。（参见《国家电网有限公司一线员工供电服务行为规范》）

④ 发现客户用电存在安全隐患、违约用电或窃电的，应填写用电检查结果通知书或窃电、违约用电通知书，一次性告知客户，双方签字确认后存档备查。对无法签收或拒签的客户，可采用函件、挂号信等方式送达。（参见《国家电网有限公司一线员工供电服务行为规范》）

（2）知识技能要求

① 社区经理须掌握国家电网公司电力安全工作规程（配电部分），熟悉《中华人民共和国电力法》《中华人民共和国安全生产法》等。

② 社区经理须掌握国家电网公司营销现场作业安全工作规程。

③ 社区经理须熟悉各类仪器仪表的使用。

④ 社区经理须掌握用电设备违规处理、安全隐患排查相关知识和能力。

⑤ 社区经理须具备设备巡视、缺陷管理能力。

社区经理需掌握移动作业终端正确使用方法，能开展电能表、互感器等计量装置巡视与消缺。

4. 资源交互

（1）服务质量要求

① 社区经理按月组织征集工业社区资源交互服务诉求，征集频率不少于一个月一次。

② 严禁供电企业直接、间接或变相指定用户受电工程的设计、施工和设备材料供应单位，限制或者排斥其他单位的公平竞争，侵犯用户自主选择权。[参见《供电服务标准》（Q/GDW 10403—2021）]

③ 在项目实施中涉及设计文件审核、中间检查、竣工检验等工作结束后，应第一时间主动书面告知客户检查（审核）结果、注意事项并做好解释说明，切实履行一次性告知义务。（参见《国家电网有限公司一线员工供电服务行为规范》）

④ 对于涉及配套电网工程建设的业扩报装项目，应主动协调相关部门，及时完成配套电网工程建设，确保客户按期通电。（参见《国家电网有限公司一线员工供电服务行为规范》）

⑤ 不准将应由供电企业出资的分界开关、配电自动化终端、计量装置等电网侧设备转嫁客户承担，增加客户投资。不准对外泄露客户用电申请、供电方案等办电信息，以及用电设备、工艺流程等商业秘密。（参见《国家电网有限公司一线员工供电服务行为规范》）

（2）知识技能要求

① 社区经理应熟悉清洁能源开发供应、电动汽车充换电服务、节能服务、电能替代，能源基础服务（供电＋能效服务）等方面的基础知识，具备指导和协助客户进行网上国网 APP 注册、绑定及电费缴纳、业务办理等的能力。

② 社区经理应掌握配网工程出资原则；熟悉配网工程各阶段主要工作流程的工程管理基础知识，具备配网工程跟踪能力。

③ 社区经理应具备业扩供电方案编制能力，能够根据城市（农村）社区和工业社区的用电特征，联动多方，正确组织现场查勘，确定正确合理的主接线方式、变压器容量、台数、型号、继电保护方式、无功补偿方案、能效提升方案等。

④ 社区经理应具备审核业扩设计图纸的能力。

⑤ 社区经理应具备里程碑计划设计能力。

⑥ 社区经理应具备业扩工程竣工资料初审能力。

⑦ 社区经理应具备业扩工程验收能力。

⑧ 社区经理应具备配网规划能力。

⑨ 社区经理应具备设备操作能力。

5. 社区共建

（1）服务质量要求

① 社区经理按月定期联络社区网格员，征集社区共建服务诉求，征集频率不少于一个月一次。

② 社区经理应主动与社区签订社区共建合作协议，明确双方共建职责。

（2）知识技能要求

社区经理应掌握社区机制共建、服务共建等相关共建知识，具备共建服务能力。

（三）实操工具

1. 账单解读服务

（1）电费账单解读（居民及农业用户）

打开网上国网 APP，完成登录后，点击"电费账单"，即可看到对应月份的电费账单金额，如需了解用电详情，点击对应户号；下滑页面，找到"下载电费账单"并点击进入，选择我们需要查询或下载的电费账单，点击"下载"，即可获取详细的电费账单信息。

电费账单由基本信息、账单信息、电费构成、峰谷用电、缴费渠道、电费明细、电量明细七个主要部分组成。

基本信息包括用户的户名、户号、用电地址等信息。其中用户类型为居民生活用电或农业生产用电，电压等级为单相220V、三相380V。

账单信息和电费构成呈现了当月用电量及需缴纳电费的总额。作为社区经理，应当及时提醒客户缴费截止日期，避免超过缴费截止日期产生违约金。

峰谷用电呈现了居民用户不同时段的用能情况。不同时段的电价不同，具体分段规则如下：居民生活用电为两时段，8：00—22：00为高峰时段，22：00—次日8：00为低谷时段。社区经理可以根据用户的用能习惯给出用能建议。以浙江为例，谷电比例超过总用电量11%的居民用户，开通峰谷电价是合适的。

缴费渠道板块展示网上国网APP、微信/支付宝、银行卡、营业厅四种渠道。

电费明细板块只有"政府性基金及附加"和"其他"两项。供电公司代收代征的政府性基金及附加，均按照国家政策相关规定，随电费一并征收，并由供电公司代收代缴至国家财政专户。以浙江省为例，居民生活用电电价含国家重大水利建设基金0.00403875元/千瓦·时、大中型水库移民扶持基金0.0062元/千瓦·时、可再生能源附加0.001元/千瓦·时，共计0.01123875元/千瓦·时；农业生产用电每千瓦时含国家重大水利建设基金0.00403875元/千瓦·时。

◆ 居民生活用电特殊电价政策

①"一户多人口"阶梯电价政策。居民家庭户籍人口达5人及以上的家庭，每月增加100千瓦·时阶梯第一档电量指标，自办理后24个月内有效；

户籍人口达 7 人及以上的家庭，可选择执行居民合表电价。（浙价资〔2015〕230 号）

②"两保户"电价政策。"两保户"（城乡"低保户"和农村"五保户"）家庭设置每户每月 15 度的免费用电基数，减免的电费按免费用电量乘以第一档电量对应的电价水平计算。（浙价资〔2012〕371 号）

电量明细板块，包括电能表编号、示数类型、起码、止码、倍率、抄见电量、损耗及计费电量等电量信息，作为本次结算的依据。

（2）电费账单解读（工商业用户）

打开网上国网 APP，完成登录，点击"电费账单"，进入页面。这里需要注意的是，我们需要点击此处的箭头，进入"选择用电户号的界面"下滑页面，找到所需查询的企业用电户并点击进入，找到"下载电费账单"选项，点击进入，选择我们需要查询或下载的电费账单，点击"下载"，即可获取详细的电费账单信息。

电费账单由基本信息、账单信息、电费构成、峰谷用电、缴费渠道、电费明细、电量明细七个主要部分组成。

基本信息包括用户的户名、户号、用电地址等信息。其中用户类型为大工业或一般工商业，合同容量在 315kVA 及以上的工业用户为大工业用户，除此之外的工商业用户均为一般工商业用户。购电方式有市场化批发、零售、兜底及电网企业代理购电四种，批发用户由用户直接向发电企业购电，零售用户由用户向售电公司购电，如用户未与发电企业或售电公司在平台完成交易，则兜底用户暂由兜底售电公司代理购电，电网代理购电用户由用户通过供电公司代理购电。

账单信息和电费构成呈现了当期用电量及需缴纳电费的总额。

峰谷用电呈现了工商业用户不同时段的用能情况。

不同时段的电价不同，以浙江省为例，大工业用电分时电价时段为：尖峰时段9：00—11：00、15：00—17：00；高峰时段8：00—9：00、13：00—15：00、17：00—22：00；低谷时段11：00—13：00、22：00—次日8：00。1月、7月、8月和12月的13：00—15：00增设为尖峰时段，执行尖峰电价。一般工商业及其他用电分时电价时段为：尖峰时段19：00—21：00；高峰时段8：00—11：00、13：00—19：00、21：00—22：00；低谷时段11：00—13：00、22：00—次日8：00（浙发改价格〔2023〕139号）。社区经理可以根据用户的用能习惯给出用能建议。

缴费渠道板块展示网上国网APP、微信/支付宝、银行卡、营业厅四种渠道。

电费明细板块展示工商业用户电费由上网电费、上网环节线损费用、输配电费、系统运行费、政府性基金及附加、其他六部分组成。

上网电费是指与发电侧相关的费用，包括市场化交易电费、绿电交易电费、发用两侧电能电费偏差、偏差考核及返还电费、季节性分时调整电费等费用。根据《国家发展改革委关于进一步深化燃煤发电上网电价市场化改革的通知》要求，按照电力体制改革"管住中间、放开两头"总体要求，有序放开全部燃煤发电电量上网电价，扩大市场交易电价上下浮动范围，推动工商业用户都进入市场，取消工商业目录销售电价。

市场化交易电费是指批发/零售交易电费、兜底购电电费、电网企业代理购电电费。绿电交易电费是指用户购买风电、光伏等绿色电力所支付的电费。发用两侧电能电费偏差是指发用两侧实际电量与合约电量不等，且因结算方式不同使得用户侧购电成本与发电侧结算电费存在偏差而给予清算的费用。

上网环节线损费用按实际购电上网电价和综合线损率计算，暂由电网企业代理采购线损电量，代理采购损益按月由全体工商业用户分摊或分享。计算方法：上网环节线损费用＝上网环节线损费用折价×结算电量。

输配电费是指用户按国家核定标准向电网企业支付的费用，用于保障电网必要的投资、建设及运维，包括输配电量电费和输配容（需）量电费。其中输配容（需）量电费的执行范围为：执行工商业用电价格的用户，100～315kVA的，可选择两部制电价，即电度电费＋输配容（需）量电费，也可选择单一制电价，不收取输配容（需）量电费；315kVA及以上的，必须执行两部制电价，收取输配容（需）量电费。

系统运行费是指用于保障电力系统安全稳定运行、支持新型电力系统建设，暂不纳入上网电价和输配电价的费用。暂列辅助服务费、抽水蓄能容量电费、上网环节线损代理采购损益、电价交叉补贴新增损益、尖售等电价损益、绿色发展电价损益、力调电费损益、燃气机组容量电费及峰谷分时电价损益九个科目。

系统运行费每月全电力市场清算费用由全体工商业用户进行分摊分享。

政府性基金及附加板块是由国家和省级政府依据法律法规等规定，向工商业用户征收的具有专项用途的财政资金，由电网企业随电费收取并上缴财政，主要包括国家重大水利建设基金、大中型水库移民扶持基金和可再生能源附加费用等。

电量明细板块包括电能表编号、示数类型、起码、止码、倍率、抄见电量、损耗及计费电量等电量信息，作为本次结算的依据。

2. 充电桩报装服务

（1）自用充换电设施报装业务办理及政策

1）自用充换电设施报装基本政策

城乡百姓在购买电动汽车后要建设自用充电桩，有哪些基本政策呢？对于居民住宅区内建设的自用充电桩，原则上仅限报装交流充电桩，供电电源应采用单相、低压交流 220V 电压，单户报装容量不应超过 10kW。如国家标准有所调整，以最新规定进行调整。

2）自用充换电设施报装办理流程

我们目前可以通过供电营业厅（含各类政务中心等）、网上国网 APP 申请（居民办理/充电桩接电），居民自用充电桩接电，需客户提供以下五项资料：购车意向协议或购车发票或电动汽车行驶证，申请人有效身份证明，固定车位所有权证明或所有权单位许可证明或固定车位一年以上（含一年）使用权证明，停车位（库）平面图或者现场环境照片，物业、业主委员会或村委会出具的"允许施工证明"。

自用充换电设施业务不实行"一证受理"。

业务受理后，将在 10 天内装表接电。根据《国网浙江电力营销部关于进一步明确电动汽车自用充电桩用电报装要求的通知》（浙电营字〔2021〕26 号），充电桩计量表箱与报装车位距离原则上不超过 50 米。

（2）公用充换电设施报装业务办理及政策

1）公用充换电服务基本政策

公用充换电设施分为低压和高压两类，公司对报装容量在 160kW 及以下的非居民用户采用低压方式供电并全面推行低压"三零"（零上门、零审批、零投资）服务，对报装容量在 160kW 以上的非居民用户采用高压方式供电并全面推行高压"三省"（省力、省时、省钱）服务。

2）公用充换电服务办理流程

对于低压充换电设施用户，有申请受理和装表接电两个环节，受理后 10 日内装表接电。

对于 10（20）kV 高压充换电设施普通用户，有申请受理、供电方案答复、竣工检验和装表接电四个环节。在受理后 10 个工作日内（双电源客户 20 个工作日）答复供电方案；客户可携带竣工资料到供电营业窗口或在网上国网 APP 办理竣工报验申请，3 个工作日内组织竣工检验；在受电工程检验合格，结清营业费用，并完成《供用电合同》（由我公司代理购电的工商业用户还需签订《购售电合同》）及相关协议签订后，3 个工作日内装表接电。

对于高压充换电设施非普通客户（35kV 及以上客户，多电源客户，专线客户，有自备电源的客户和有波动负荷、冲击负荷、不对称负荷等对电能质量有影响需开展电能质量评估的客户），在高压充换电设施普通用户报装基础上增加了设计文件审核和中间检查两个环节，在客户提交受电工程设计文件和有关资料后，3 个工作日内完成审核；在客户提出中间检查申请后，2 个工作日内完成中间检查。

（3）充换电设施电价政策

1）经营性集中式充换电设施用电价格

对向电网经营企业直接报装接电的经营性集中式充换电设施用电，执行大工业用电价格。

根据最新文件《关于加快推进充电基础设施建设 更好支持新能源汽车下乡和乡村振兴的实施意见》（发改综合〔2023〕545 号）要求，到 2030 年前，对实行两部制电价的集中式充换电设施用电免收需量（容量）电费。

2）其他充电设施用电价格

其他充电设施按其所在场所执行分类目录电价。

① 居民家庭住宅、居民住宅小区、执行居民电价的非居民用户中设置的充电设施用电，执行居民用电价格中的合表用户电价。

注意点：居民住宅小区中设置的集中充电设施用电，执行居民用电价格中的合表用户电价，并执行峰谷分时电价。[《浙江省发展改革委关于小区电动汽车集中充电设施电价政策的复函》（浙发改价格函〔2022〕621 号）]

其中，不满 1kV 用户的高峰、低谷电价水平分别为每千瓦·时 0.588 元、0.308 元；1～10kV 及以上用户高峰、低谷电价在不满 1kV 用户价格基础上相应降低2分钱执行。峰谷时段划分为：高峰时段8：00—22：00，低谷时段22：00—次日8：00。

② 党政机关、企事业单位和社会公共停车场中设置的充电设施用电执行"工商业及其他"类用电价格。

（4）充换电服务典型案例

◆ **故事导入**

客户：喂，我要投诉！投诉的就是你们供电公司，办事不按标准来，还耽误了我的事情。

客服专员：好的，先生，麻烦说一下事情的详细经过。

客户：我今天申请安装低压充电桩，事先也在你们"网上国网"上了解过需要我准备什么材料了，村里也给我开了证明，我的申请都通过了，但是后来你们上门的工作人员强行说我材料不齐，不同意帮我装，还把我流程给终止了，这不是故意给我设卡吗？

客服专员：先生，工作人员有没有跟您具体是哪方面的材料不齐全？

客户：他说我村里开的证明不能用，当初怎么不给我讲清楚？我去村里开一次证明哪有那么容易！

客服专员：您说的是，先生，您说的情况我们都详细地做了记录，后续我们会处理好，然后给您回复。

随后，客服专员核对客户诉求信息无误后将工单整理下发。

经核实，客户申请电动汽车用电报装，提供了个人身份证明、房屋产权证、电动汽车行驶证、现场停车环境图片、村委开具的车位使用和允许施工证明。

客户申请成功后社区经理致电客户预约现场勘查。在现场勘查服务中，社区经理发现客户实际停车的区域位于客户家门外的马路边，属于村里的公共区域，客户提供的车位使用和允许施工证明中描述的停车区域和现场实际不符，证明中表述"兹证明我村村民×××自建房屋一座，位于××村××号，允许其申请安装充电桩电表"。在受理环节资料审核时，因客户提供了房产证，结合客户用电地址位于农村区域和村里的证明，社区经理以为客户是在自家院子中停车装表，没有进一步询问客户车位实际位置，就进行了正常受理。

但在后续现场勘查环节发现，客户家并没有院子，唯一能停车的区域位于房屋门外马路边公共区域，与客户提供的车位使用和允许施工证明描述不符，因此社区经理告知客户资料不齐全，需要重新找村委提供有正确地址的证明材料。

客户对此表示无法接受，虽然社区经理反复解释了问题缘由，但想到自己忙活了半天却被告知还要从头再来，内心的不满无法排遣，最终选择了投诉。因充电桩用电报装非"一证受理"，通过客户描述无法判断工作人员存在差错，故95598供电服务热线未下派投诉。

◆ 问题分析和改进建议

问题分析：

从核实情况看，我们存在以下两个主要问题：

①业务受理的社区经理服务敏感度欠佳，缺乏一定的责任心和沟通意识，在为客户受理申请时，如能进一步与客户沟通车位具体地址，在现场勘查前告知客户申请资料，更容易让客户接受和认可。

②工作人员未就暂缓安装的结果向客户进行充分解释，并未及时安抚客户情绪，且客户非专业人员，不理解内部申请流程，对流程的理解度有限，觉得申请通过了就可以安装，结果现场勘查后又不通过，服务过程整体体验感较差。

改进建议：

① 减小受理环节客户资料预审和沟通颗粒度。对于无固定车位的充电桩申请，务必与申请人确认真实安装位置，避免出现停在无产权或使用权的车位或公共道路等影响正常通行的位置。

② 现场工作人员应多为客户考虑，换位思考，耐心沟通，及时做好业务进度告知。

(5) 充换电服务注意事项

产权分界点：计费电能表的出线端处为供用电双方产权分界点。

供电公司出资界面：依据公司优化营商环境工作要求，由供电企业开展居民充电设施表前线路改造施工，公变至表计所涉及的物资均由供电企业出资建设，包含容量增容、出线电缆、低压分支箱、表箱和表计等电气设备，以及管沟等土建部分施工，政策处理由政府或者用户负责。

人防车位充电设施设置相关要求：人防车位的充电桩装表，须结合各地市具体政策要求。比较特殊的地方在于，如涉及穿墙打孔施工，可能需要征得属地人防管理部门同意。

为了进一步优化营商环境，应积极推进居住区充电桩建设，优化充电桩建设运营模式，创新推广"零整结合"建设举措，提高可用性和利用率。

（四）海军典范

往水最深、房最破的地方去

"菲特"过境，在其带来的强降雨以及上游水库泄洪的双重压力下，位于慈溪南郊、毗邻余姚的横河镇成了受灾程度和余姚不相上下的重灾区。一些低洼地带积水超过一米深，山区还发生了泥石流等地质灾害，多个村受到影响，许多村民家中积水严重，危及安全用电。为了防止触电伤亡事故的发生，慈溪供电公司对部分农村进行了断电处理。

刚刚在城区走访结束的钱海军闻讯后，从每个供电所、服务站抽调了2名钱海军共产党员服务队队员，组成28个人的队伍。他们披着雨衣，蹚着积水，把方便面、蛋糕、矿泉水、手电筒、药品等救灾物资及《致横河居民安全用电告知书》送到数千户居民家中。

他们最先到达的是积水较深的秦堰村，这里由于地势低，积水相当严重，社区用电设施均不同程度受到水淹影响，防汛形势依旧严重，抢修车辆通行受阻，他们沿着秦堰线仔细查看着水位和相关配套设施的情况，不放过任何一处安全隐患。

其中有一个基电杆立在田中央，两边都是河。田里的淤泥本就泥泞，在污水的作用下，变得更加黏了，脚下一使劲儿，整个人就不断往下陷，再想起来特别费劲儿，只有努力向前挪移。10米、9米、8米……，电杆越来越近，终于到了"目的地"……

有时候沿途还会碰到一些用脚"走"不进去的地方，他们就从别处调来皮划艇，划着船向前行进，把需要解决的故障解决掉。沿途不管碰到用户询问什么时候能送电，还是有些不讲理的人对他们恶语相加，他们都耐着性子一一做好解释，并跟民众交代安全用电的各种注意事项。

正是在队员们的努力下，当地停电区域终于快速恢复了供电。送电后，他们也没有放松，走进用户家中了解用电情况："阿婆，电送上了啊？一切都还好吧？要注意用电安全啊！""大伯，家里电通了吗？电器使用情况怎么样？"……街头巷尾都是他们的声音。对于已经通电的客户，队员们忙着检查用电设备，消除安全用电隐患，宣传用电知识；对于仍不具备通电条件的客户，他们动之以情，晓之以理，耐心解释无法通电的原因，做好用户的心理疏导工作。

可以这样说，恢复供电后的回访过程与排查险情、抢修服务比起来，并不轻松多少。尤其是很多人都已经习惯了灯常亮、家用电器常开的日子，忽然没有了电，这日子变得甚是煎熬，难免有客户将怨气转嫁在电力职工身上。但服务队的队长钱海军说:"我们被数落不要紧,重要的是确保他们的安全。"

【故事解读】

钱海军共产党员服务队面对急难险重的抢修任务,主动抢修故障、排查安全隐患、做好客户安抚、解答客户疑问,体现了社区经理"找一个人、办所有事"的服务职责。

当抢修完成、恢复供电后,社区经理履行"跟踪、回访、闭环"工作职能,体现了社区经理为客户提供极致客户体验的核心价值。

五、延伸到家

(一)工作流程

1. 涉电服务支持

(1)安全用电宣传(相关流程见图 3.19)

1)操作步骤

① 筛选对象:社区经理筛选宣传对象。

② 安全宣传:社区经理应当定期在共建社区派发有关安全用电政策的资料、业务告知,以及安全用电、节约用电方面的宣传资料;组织开展安全知识讲座,做好安全宣传物料管理。

③ 现场宣传情况反馈:社区经理就现场宣传情况及时反馈,确认宣传效果和客户合理化建议。

2)注意事项

社区经理在进行安全用电宣传时:①宣传资料须及时更新;②在日常工作中要注意加强与责任社区的沟通联系,保障各项宣传工作的顺利开展。

| 安全用电宣传流程 | 操作步骤 | 注意事项 |

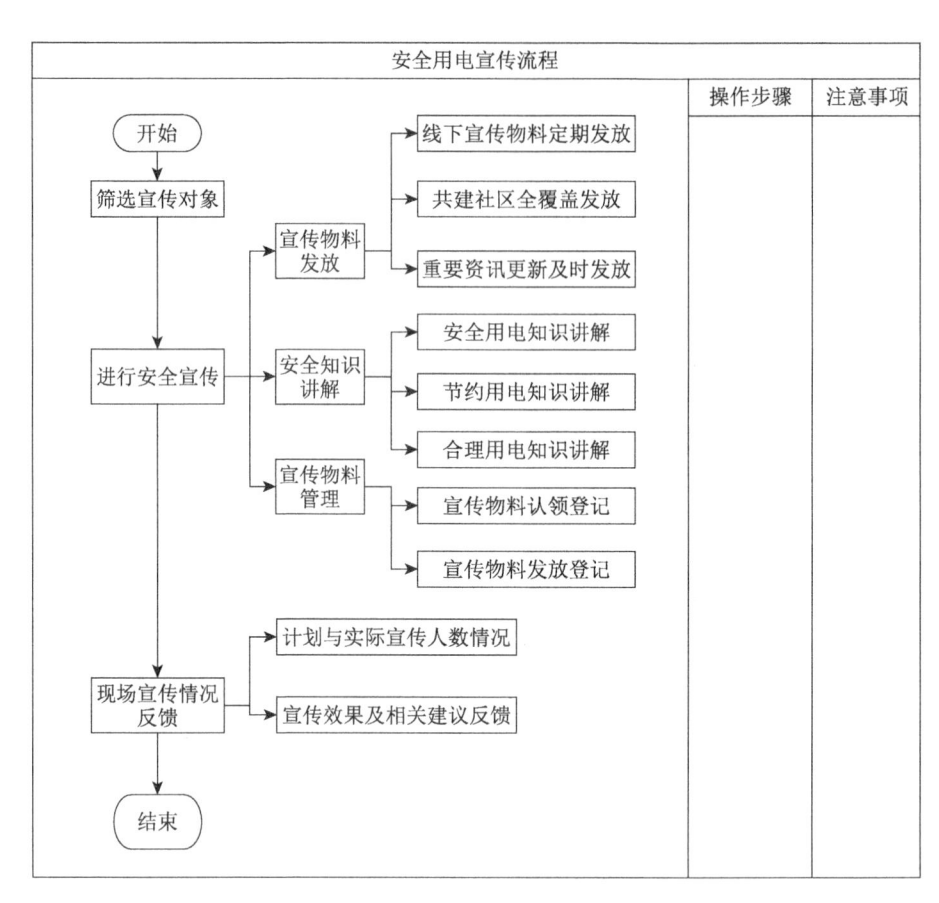

```
开始
 ↓
筛选宣传对象
 ↓
进行安全宣传 → 宣传物料发放 → 线下宣传物料定期发放
                              → 共建社区全覆盖发放
                              → 重要资讯更新及时发放
             → 安全知识讲解 → 安全用电知识讲解
                              → 节约用电知识讲解
                              → 合理用电知识讲解
             → 宣传物料管理 → 宣传物料认领登记
                              → 宣传物料发放登记
 ↓
现场宣传情况反馈 → 计划与实际宣传人数情况
                 → 宣传效果及相关建议反馈
 ↓
结束
```

图 3.19 安全用电宣传流程图

（2）表后问题沟通（相关流程见图 3.20）

1）操作步骤

① 现场服务：社区经理主动联络社区网格员，筛选表后服务对象名单，组织开展表后入户上门服务。

② 厘清边界：社区经理经过现场用电检查等规范操作后，明晰表前、表后责任边界。

③ 解释说明：社区经理主动告知客户表后工作事项：勘查、诊断、沟通、协调、跟踪、闭环。

④ 告知方案，协调处理：社区经理告知客户表后线路改造方案，指导客户联系电工或物业。

⑤ 跟踪闭环：跟踪表后服务处理结果，闭环客户服务诉求。

2）注意事项

社区经理在进行表后服务时：① 注意沟通话术，避免让客户存在推诿感知；② 具备表后服务方案制定能力、表后责任边界鉴定能力。

表后问题沟通处理流程	操作步骤	注意事项

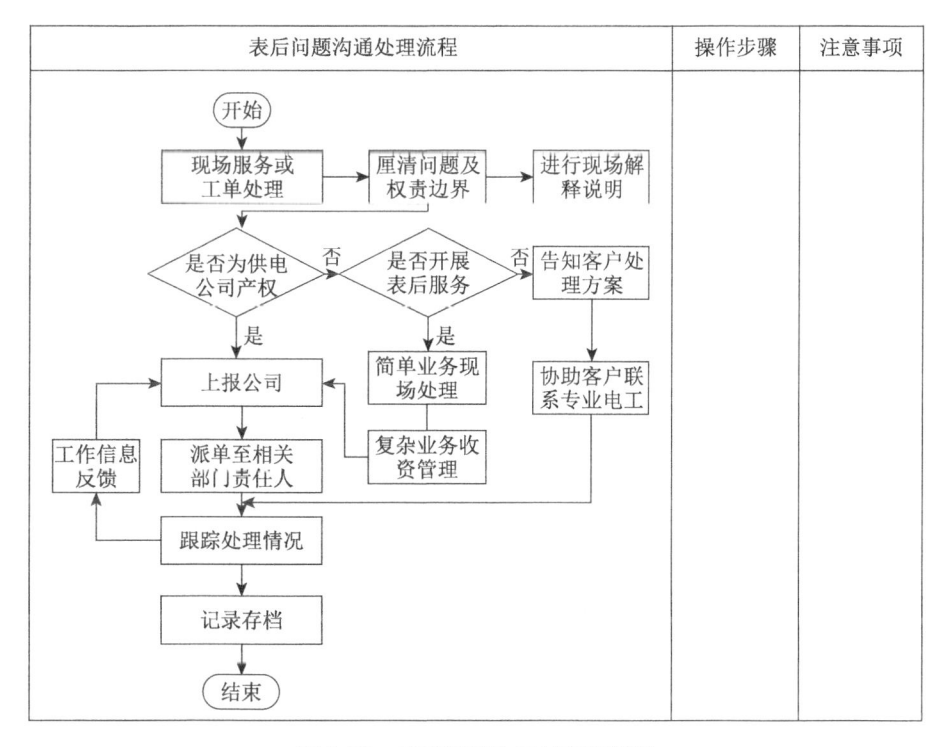

图 3.20　表后问题沟通处理流程图

（3）社区便民服务（相关流程见图 3.21）

1）操作步骤

① 搜集诉求：社区经理联络社区居委搜集社区便民服务诉求，与政府网格员明确双方工作职责。

② 组织服务：社区经理定期联动社区居委组织便民服务活动。

③ 生成工单：当便民服务超出社区经理服务范围时，可生成服务工单，流转到专业部门处理。

④ 跟踪闭环：社区经理跟踪闭环服务结果，确保客户满意。

2）注意事项

社区经理在开展便民服务时：① 应主动组织便民服务，强化社区服务黏性；② 应定期组织专业部门参与便民服务。

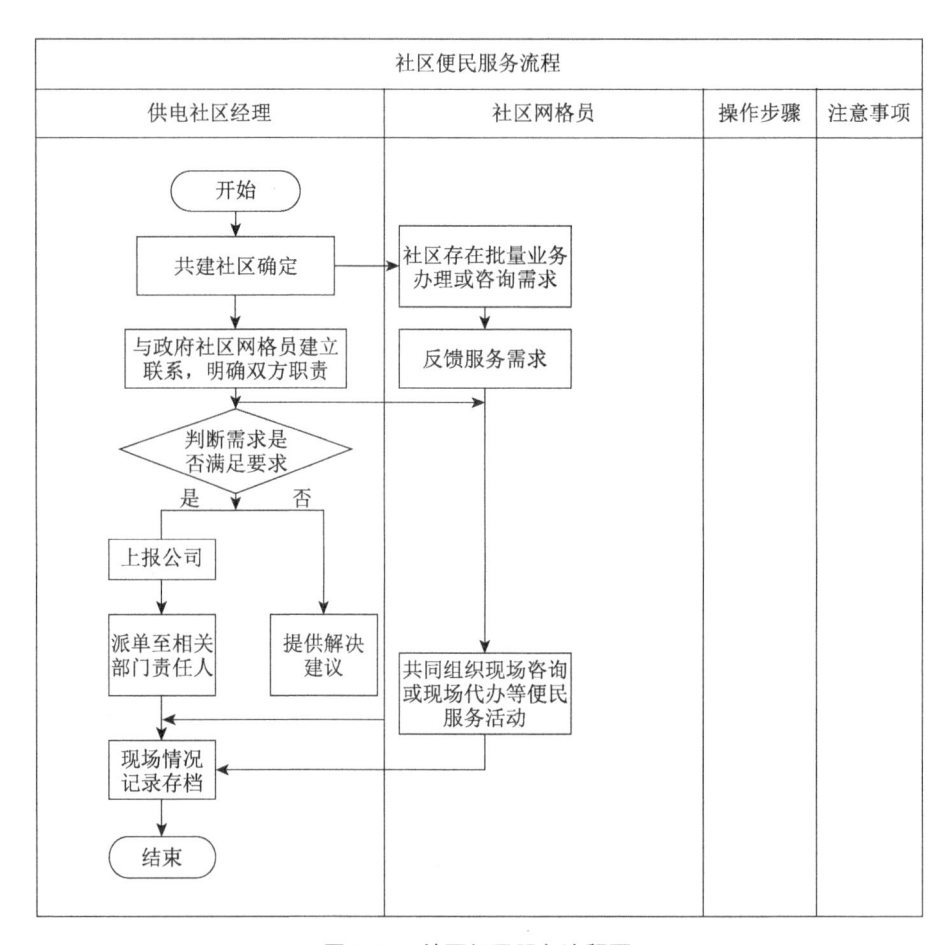

社区便民服务流程			
供电社区经理	社区网格员	操作步骤	注意事项
开始 → 共建社区确定 → 与政府社区网格员建立联系，明确双方职责 → 判断需求是否满足要求 → 是：上报公司 → 派单至相关部门责任人；否：提供解决建议 → 现场情况记录存档 → 结束	社区存在批量业务办理或咨询需求 → 反馈服务需求 → 共同组织现场咨询或现场代办等便民服务活动		

图 3.21　社区便民服务流程图

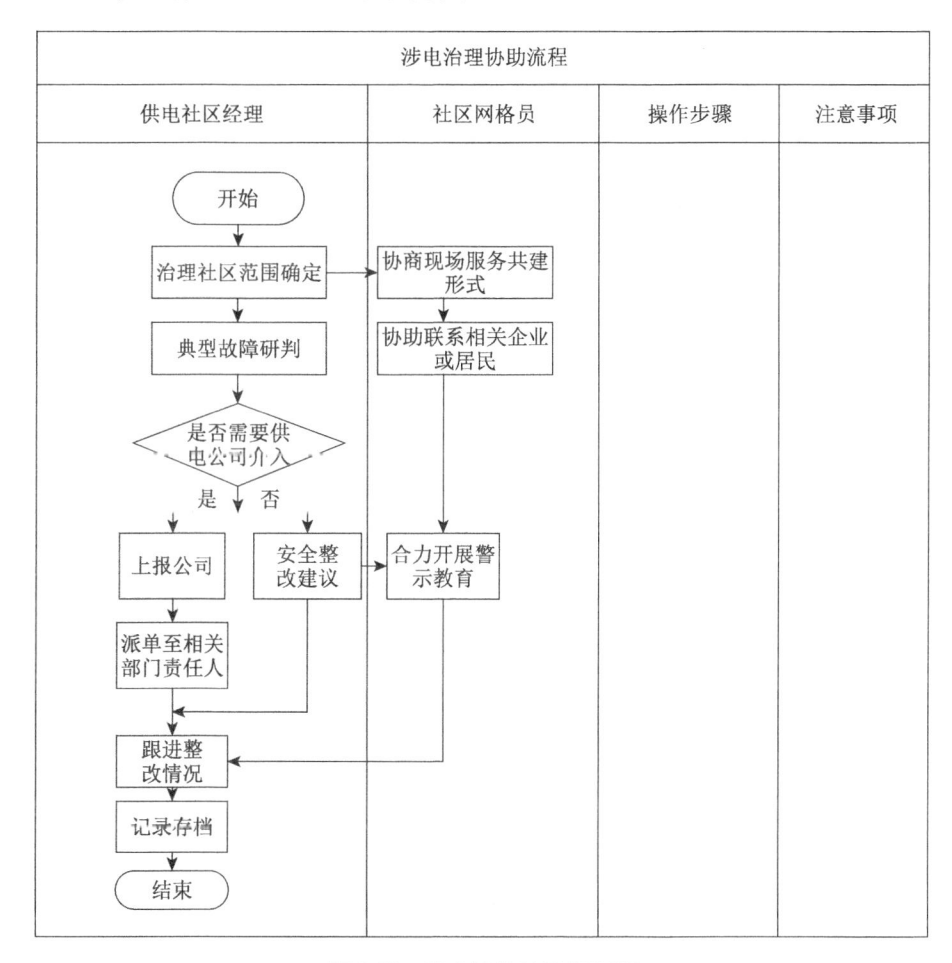

2. 涉电治理协助（相关流程见图3.22）

涉电治理协助流程			
供电社区经理	社区网格员	操作步骤	注意事项
开始 → 治理社区范围确定 → 典型故障研判 → 是否需要供电公司介入（是：上报公司 → 派单至相关部门责任人 → 跟进整改情况 → 记录存档 → 结束；否：安全整改建议 → 跟进整改情况）	协商现场服务共建形式 → 协助联系相关企业或居民 → 合力开展警示教育 → 跟进整改情况		

图3.22 涉电治理协助流程图

1）操作步骤

① 配合治理：社区经理配合社区网格员组织开展社区治理现场服务，协助联系相关企业和居民。

② 故障研判：当发现社区安全故障时，社区经理应判断故障设备的产权所有人，确定属供电部门处理范围或难以判断的，及时联系专业部门并通过云服务平台及时派单到相关部门责任人进行处理；确定不属供电部门处理范

围的，协助客户联系物业，不得因不属于供电部门处理范围而推脱。

③ 整改建议、生成工单：社区经理应出具安全故障安全整改建议，联动政府网格员合力开展安全警示教育。

④ 跟踪、闭环：跟踪整改服务结果，闭环相关责任人。

2）注意事项

社区经理在进行涉电治理协助时：① 应主动学习安全故障研判、故障维修相关知识技能；② 与社区网格员形成联合服务关系，避免产生误解和纠纷。

3. 矛盾调解（相关流程见图3.23）

1）操作步骤

① 判断矛盾：矛盾调解来源于社区居委，社区经理应自主分析判断矛盾性质和涉电性质。

② 联合上门：社区经理受理矛盾调解应与社区网格员、微网格长、业务委员会、物业、公共事业单位等多调解主体共同上门。

③ 共同解决：社区经理应与多调解主体共同制定矛盾调解方案。

④ 签订协议：社区经理应联动多方主动与矛盾调解发起人签订调解协议书。

⑤ 资料存档：矛盾调解的相关资料均上传云服务平台。

2）注意事项

社区经理在做矛盾调解时：① 应主动学习矛盾调解、协调联络相关知识技能；② 应与政府、公共事业单位、小区物业等共同制定矛盾调解方案，避免造成纠纷。

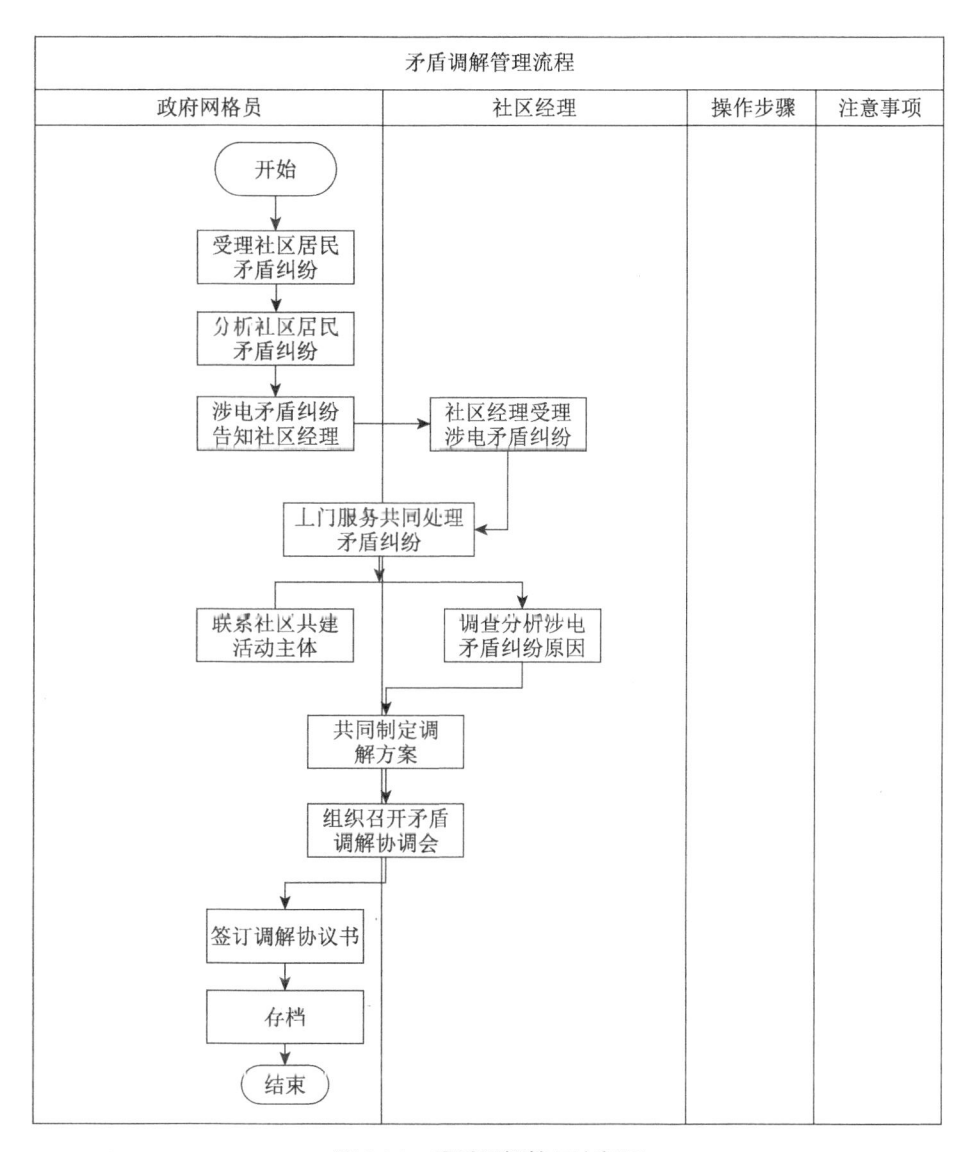

矛盾调解管理流程			
政府网格员	社区经理	操作步骤	注意事项
开始 → 受理社区居民矛盾纠纷 → 分析社区居民矛盾纠纷 → 涉电矛盾纠纷告知社区经理 → 联系社区共建活动主体 → 签订调解协议书 → 存档 → 结束	社区经理受理涉电矛盾纠纷 → 上门服务共同处理矛盾纠纷 → 调查分析涉电矛盾纠纷原因 → 共同制定调解方案 → 组织召开矛盾调解协调会		

图 3.23　矛盾调解管理流程图

4. 志愿服务（相关流程见图 3.24）

1）操作步骤

① 建立档案：社区经理建立社区志愿服务档案，梳理志愿服务名单。

② 定期走访：定期上门走访，跟踪服务对象信息，发生变化及时更新，

发现问题应及时更新服务档案，为志愿服务客户主动提供上门服务。

③ 受理诉求：当结对客户进行志愿服务时，应详细了解求助原因、求助内容、现场情况、服务时间等内容，及时联系团队长组织开展爱心志愿服务。

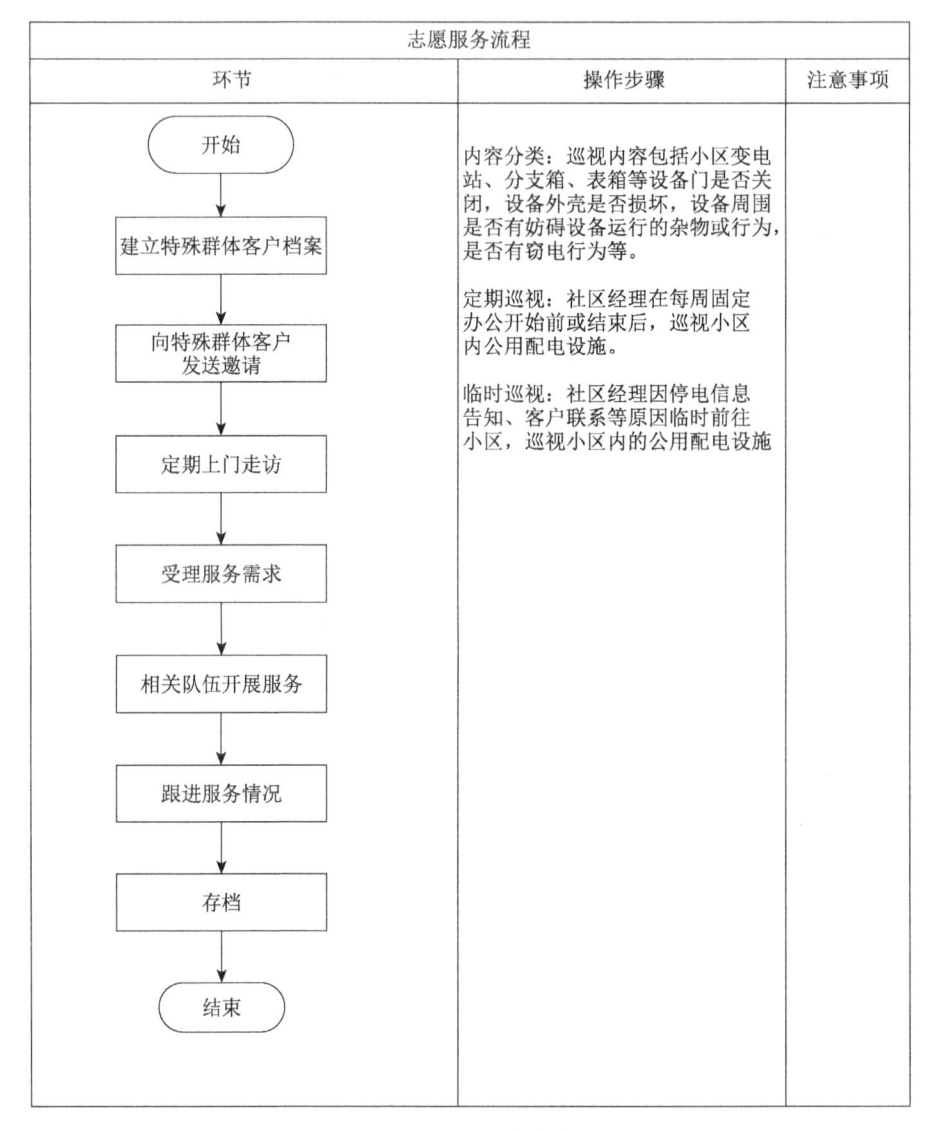

志愿服务流程		
环节	操作步骤	注意事项
开始 → 建立特殊群体客户档案 → 向特殊群体客户发送邀请 → 定期上门走访 → 受理服务需求 → 相关队伍开展服务 → 跟进服务情况 → 存档 → 结束	内容分类：巡视内容包括小区变电站、分支箱、表箱等设备门是否关闭，设备外壳是否损坏，设备周围是否有妨碍设备运行的杂物或行为，是否有窃电行为等。 定期巡视：社区经理在每周固定办公开始前或结束后，巡视小区内公用配电设施。 临时巡视：社区经理因停电信息告知、客户联系等原因临时前往小区，巡视小区内的公用配电设施	

图 3.24　志愿服务流程图

④ 跟踪闭环：社区经理跟踪闭环服务结果，确保客户服务满意。

2）注意事项

① 上门走访应按要求填写志愿服务走访单，并及时归档保存。

② 客户的志愿服务应记录在案，在能力范围内的志愿服务，社区经理可独自开展；超出能力范围的爱心服务，社区经理可联系专业部门，通过钱海军共产党员服务队在 3 天内开展服务，并在完成服务 3 日内回访服务情况，防止遗漏和延误。

（二）工作要求

1. 涉电服务支持

（1）服务质量要求

① 社区经理应按月组织社区安全用电宣传活动，每月不少于 1 次。

② 社区经理应按月组织社区便民服务，每月入户服务不少于 1 次。

③ 应客户要求进行有偿服务的，电力修复或更换电气材料的费用，执行省（自治区、直辖市）物价管理部门核定的收费标准。进行有偿服务工作时，应向客户列出修复项目、收费标准、消耗材料等，并经客户确认、签字。付费后，应开具正式发票。

④ 客户回复（回访）本着"谁受理，谁回复（回访）"的原则，各单位不得层层回复（回访）客户。除表扬、匿名工单外，其他派发的工单应实现百分百回复（回访）。

⑤ 沟通表后问题及提供安全整改建议时，应严格执行投资界面划分规定，并与客户充分协商，合理确定电源点、装表位置等关键事项。

（2）知识技能要求

① 社区经理应掌握安全用电知识，具备安全用电宣传活动组织能力。

② 社区经理应具备表后服务检查能力、表后责任划分能力和表后问题沟通协调能力。

③ 社区经理应具备社区便民服务能力。

2. 涉电治理协助

（1）服务质量要求

① 电力管理部门应当对用户用电设施设备定期组织检查；发现安全隐患的，应当出具书面整改通知书，并督促用户及时消除用电安全隐患。

② 供电企业在抄表收费、电力设施巡查中发现用电信息异常、电力设施运行异常，可能因用户用电行为或者用户用电设施设备引发的，可以对用户下列设施设备及其运行状况进行检查：

a. 受电装置中电气设备及其运行状况；

b. 保安电源配置及其运行状况；

c. 继电保护和自动控制装置、调度通信装置及其运行状况；

d. 并网电源、自备电源及其运行状况；

e. 其他需要依法检查的内容。

供电企业对用户用电设施设备及其运行状况进行检查的，应当出示有关证件，用户应当予以配合。

③ 提前与客户预约现场勘查时间，按照"一次勘查"原则开展上门服务，遵守安全规章制度和保密规定。（参见《国家电网有限公司一线员工供电服务行为规范》）

④ 客户侧发生故障时，应协助客户进行故障排查，初步判断故障发生的原因和范围，指导客户进行故障隔离和消缺，及时恢复供电。

⑤ 严格履行"两告知一回复"要求，在接到故障报修信息、到达现场、结束抢修后，第一时间联系客户，并实时告知客户处理进度。（参见《国家电网有限公司一线员工供电服务行为规范》）

（2）知识技能要求

① 社区经理应掌握安全隐患排查、消缺和故障检修业务知识，具备安全隐患排查、故障研判和检修能力。

② 社区经理应掌握安全用电建议技能，具备安全用电建议提供能力。

3. 矛盾调解

（1）服务质量要求

① 社区经理应积极参与矛盾调解，在有条件的情况下设置矛盾调解共享法庭，每季度主动接洽社区征询矛盾调解诉求不少于1次。

② 涉电矛盾调解时，遵照"矛盾不上交，平安不出事，服务不缺位"原则，尽量通过协商沟通方式与客户达成和解；若客户要求超出职责范围或权责范围，尽早申请上级管理部门管理人员或社区党委介入协助处理，避免产生冲突。

（2）知识技能要求

① 社区经理应具备投诉举报处理能力。

② 社区经理应具备矛盾调解能力。

4. 志愿服务

（1）服务质量要求

社区经理每季度参与志愿服务项目1次。

（2）知识技能要求

① 社区经理应掌握触电急救的相关知识和急救操作方法。

② 社区经理应熟悉时代楷模钱海军"千户万灯"公共服务品牌项目。

③ 社区经理应每年参与时代楷模钱海军精神、品质和志愿服务项目培训。

（三）实操工具

1. 表后服务支持

（1）什么是"表后"

"表前"与"表后"，涉及的核心问题是产权。首先，我们来看一个关于产权界定的规范要求，浙江省《居民生活供用电合同》中的第8条是："计量电能表的出线端处为双方产权分界点,依此点指向供电电源侧的线路、电能表等配电设施均属供电方所有,计量电能表的出线端处指向用电侧的线路及漏电保护器等用电设施均属用电方所有。双方按其产权归属,各自承担运行维护等责任。"

由此我们可以知道,"表后"指的是计量电能表的出线端处指向用电侧的线路、漏保等用电设施。简单来说,计量电能表以后的部分都属于客户的产权。

(2)表后电力服务支持的概念和工作事项

弄清楚"表后"的概念,我们来学习一下"表后服务支持"的概念和具体工作事项,这里要强调的是我们重在"服务支持",而不是直接提供表后电力服务。服务支持主要是指社区经理以客户为中心,收到客户反映的或发现客户存在的表后设备隐患等问题,帮助客户找到电力表后服务公司处理故障、跟踪闭环,表后电力服务支持的工作内容主要包括以下四个方面。

① 咨询解答。当客户提出故障疑问咨询时,应当详细记录问题点,帮助客户判断表前、表后问题,及时跟踪,防止遗漏和延误。

② 入户检查。根据社区提供的特殊客户清单(一般为老弱病残等客户群体),定期上门走访,入户检查表后线路、用电设备的情况。

③ 提供建议。为客户提供获得表后电力服务的途径和解决隐患的措施建议。

④ 监督闭环。动态跟踪表后问题处理情况,协助解决涉电矛盾,定期上门检查特殊客户的隐患整改情况。

(3)提供表后电力服务支持的意义

① 减少客户对表后电力服务的误解。社区经理在日常工作中,发挥宣传解释和引导作用,让客户转变意识,理解产权分界点的概念,达成表后服务"有偿"的共识,减少误解,融洽供客关系。

② 助力客户提高故障处理效率。客户自身并不具备电力维修专业技能,

农村自聘电工多数缺乏必备的技能和装备，且响应时效性很难保证，导致电力表后设施长期得不到有效运行维护，客户的表后故障也得不到及时处置。社区经理从本位出发，帮助客户通过"浙里办"、表后服务热线等渠道获得更加高效、便捷、专业的服务，并及时跟踪闭环，是服务人民美好生活的重要体现。

③ 提升涉电业务开展便利度。表后电力服务支持工作的开展有助于树立社区经理的优质服务形象。在今后涉及电费催收、业务推广、渠道推广、满意度评价等工作时，客户也会相应给予正向反馈，提升整个社区开展涉电业务的便利度。

（4）表后电力服务支持的主要场景

【场景一】客户电话或微信咨询故障问题。当客户家中发生故障，通过电话或微信联系我们时，首先应该做好要点记录，明确客户的地址、故障发生时间、故障现象、故障范围等，其次应该判断故障设备的产权所有人，确定属供电处理范围或难以判断的，及时联系班长，并通过营销2.0平台及时派单到相关责任人进行处理；确定不属于供电处理范围的，协助客户联系物业、电力表后服务公司或从"浙政钉"政务平台上下单，不得因不属于供电部门处理范围而推脱。

【场景二】协助客户应用"浙里办"报修。当社区经理接到故障报修或为特殊客户入户检查时发现表后故障，可以帮助客户通过"浙里办"申请报修，解决故障问题。目前，该报修方式适用于在"浙里办"开通该服务的地区。

第一步，登录应用。

目前有两种登录方式。

一种是"浙里办"APP登录。打开手机中的"浙里办"APP，登录账号后，点击页面上方导航栏的查询框，输入"电力表后报修"关键字，并点击"确认"。

另一种是应用支付宝H5小程序登录。打开手机中的支付宝APP，点击上方导航栏的查询框，弹出查询框后输入"浙里办小程序"，进入小程序后进行验证登录，登录成功后点击查询框，输入"电力表后报修"关键字，就可以进入报修页面。

两种方式的主要区别是：一个需要下载安装APP；一个只需要通过已有的手机软件登录，可根据客户实际情况灵活选择。

第二步，报修申请。

进入页面后，我们看到有两个选项，"报修申请"与"进度查询"，这时点击"报修申请"，同意"须知说明"，点击"下一步"。接下来，填写报修申请的详细信息，包括所在区域、详细地址、户号、故障分类以及选填备注。社区经理若在现场，可提供协助查询户号、描述故障信息、拍摄故障照片等支持。完成信息填写后，点击"提交"。

第三步，查询进度。

成功提交报修申请后，可以在电力表后报修界面上进行进度查询。

（5）表后电力服务支持的注意事项

1）"三要"

① 要严格遵守国网公司一线员工供电服务行为规范。对照规范自查自纠，做到学用结合，预防发生服务苗头性问题。

② 要按照规范仔细操作。参照工作内容流程（包括准备工作、检查流程、记录和报告等环节）仔细操作，确保问题及时发现与处理，提高工作效率。

③ 要注重客户的体验感知。与客户接触时，要用文明礼貌的服务语言，注重客户所在地的风俗习惯，讲究工作方法和技巧，争取得到客户的协助与支持；检查中，如需使用客户物品，应征得客户同意。

2）"三不要"

① 不要私自为客户提供表后服务。避免引起不必要的纠纷、投诉等问

题，要摆正"服务支持"的立场。

② 不要接受客户任何的馈赠。在提供表后服务支持时注意廉洁自律，不接受客户吃请和礼品礼金、有价证券等，不能让服务支持变味。

③ 不清楚的问题不得随意答复。表后服务支持始终涉及客户产权线路与设备的问题，如果遇到无法处理和回答的问题，应及时向上级咨询后答复客户。

2."千户万灯"项目

（1）"千户万灯"是什么

1）"千户万灯"品牌项目的创始

在社区服务中，钱海军针对多次上门服务仍无法彻底解决，又在用户表后资产范围内的残疾人、困难户室内照明安全隐患问题，开展创新实践，2015年3月，在单位的支持下，发起成立钱海军志愿服务中心，实施"千户万灯"品牌项目，品牌内涵为"走千户、修万灯、暖人心"。积极推动当地民政、残联、街道社区、村委等政府平台提供关键支撑，发动社会爱心力量，形成"政府支持、多方参与、联合推进"的良好机制，把便民服务转化为为民服务。

2）"千户万灯"品牌项目的发展历程

从2015年9月到2020年12月，"千户万灯"以决战脱贫攻坚为工作重心，聚焦于"两不愁三保障"中残疾人贫困户住房安全隐患问题开展项目工作。依赖国网浙江省电力有限公司的人力推动，项目逐步在浙江省全面推广，并向全国边远贫困地区覆盖，延伸至西藏、贵州、吉林等地。

从2021年1月到2023年年底，"千户万灯"品牌项目以巩固拓展脱贫攻坚成果、助力乡村振兴为工作重心，聚焦于城乡电力公共服务人才培育、乡村人居环境安全隐患治理提升等问题开展项目工作。

3）"千户万灯"品牌项目的做法

"千户万灯"品牌项目在公益及志愿服务实践方面主要开展三大计划，分别是"千户万灯·照亮计划""千户万灯·圆梦计划""千户万灯·成长计划"。

①"千户万灯·照亮计划"主要开展残障群体照明改造线路项目；

②"千户万灯·圆梦计划"主要开展困境群体心愿认领项目；

③"千户万灯·成长计划"主要开展乡村电工培养项目。

（2）"千户万灯"品牌项目之"照亮计划"

二十多年前，国网慈溪市供电公司职工钱海军加入社区义工组织，开启了他的服务之路。这些年，他在专业工作与志愿服务过程中，一直在关注这样一群人，他们是困难残疾人，居住在农村、山区，在我们关注不到的角落里，他们居住在老旧的木板屋，时常独自面对黑暗的夜晚，由于电路老旧，经常出现的电力故障给他们的生活带来不少困扰和麻烦。

为了改善这些特殊群体的用电环境，2015年，在钱海军的建议下，国网慈溪市供电公司、慈溪市钱海军志愿服务中心联合当地慈善总会共同发起"千户万灯"品牌项目，以"走千户、修万灯"为初衷，长期为困难残疾人家庭开展住房照明线路改造和维护、安全用电教育、情感关怀等服务。

2017年，"千户万灯·照亮计划"走进西藏仁布，聚焦于扶贫、扶智、扶志，在当地开设乡村电工培训班，实现"造血式"帮扶。钱海军和志愿者给当地游牧民带去了太阳能移动电源和多功能自发电灯。朴实的藏族同胞不太会表达，握着志愿者的手激动地说："扎西德勒！"

随后的几年，"千户万灯"品牌项目带着成熟的项目模式，先后走到吉林敦化、贵州安龙等地，在更大范围、更广层面解决了困难残疾人家庭住房照明线路安全隐患这一难题。

2021年9月18日，由民政部、国务院国资委、国家乡村振兴局、中华全国工商业联合会、中国慈善联合会等多家部委、单位联合主办的2021中国公益慈善项目大赛在深圳举行。"千户万灯·照亮计划"——困难残疾人住房照明线路改造公益项目从全国31个省、自治区、直辖市报送的1207个优秀参赛项目中脱颖而出，获得五星优秀项目（金奖）。

（3）"千户万灯"品牌项目之"圆梦计划"

"千户万灯"品牌项目自 2015 年 9 月一经发起，地方民政局、残联、爱心企业等社会各界力量迅速集结、凝聚，残疾人低保户开展室内照明线路免费改造和维护、安全用电教育等有了长效机制。

近年来，"千户万灯"公益项目不断拓展服务范围，在残障家庭室内照明线路改造项目的基础上，又延伸开展了"微心愿认领""圆梦北京""藏娃寻海"等圆梦活动，让弱势群体感受到来自社会的温暖与关怀。

"千户万灯"圆梦计划着力推进困境群体心愿认领项目，2024 年至 2026 年计划帮扶 600 人。

（4）"千户万灯"品牌项目之"成长计划"

随着"千户万灯"公益项目的深入推进，项目团队也在不断思考：如何让"千户万灯"惠及更多的人？如何更好地服务乡村振兴？经过多次头脑风暴，决议开展"千户万灯·成长计划"暨乡村电工培训班，以"理论＋实操"的方式，培育一批专业专注、乐于奉献的本土乡村电工人才。

在乡村振兴的大背景下，人才至关重要。作为一支具有电力专业优势的服务队伍，开展乡村电工培训计划，不仅能够发挥"技能＋服务"的优势，把人才培养起来，激励他们快速成长，而且能为"千户万灯"公益项目持久发展提供最坚实的力量。

钱海军在西藏仁布县、四川布拖县开办乡村电工培训班，在浙江慈溪市培养首批上岗的 30 名乡村电工，助力乡村振兴工作从"输血"向"造血"升级转变，做好电力技术及服务双传承。2023 年 7 月，中国残联副主席、凉山州残联党组成员、副理事长沙马友古对钱海军即将在凉山州开展的"乡村电工培养计划"充满期待："海军会走，但培养出持证上岗的乡村电工，就是把'特种部队'留在了凉山州！"

（四）海军典范

受人之托，忠人之事

1999 年，那是一个周末的上午，钱海军接到社区干部打来的电话，说小区里有一位姓林的老先生家里的日光灯不亮了，让他帮忙去处理一下。钱海军放下电话，拿着工具包来到老人家里。进屋之后，他发现日光灯一闪一闪的，跳不起来，他一边从工具包里掏出工器具，准备查看下具体情况，一边安慰老人："天气冷，日光灯有时是跳不起来的，您别着急，我先给您测一下吧。"老人摆了摆手说："不用那么麻烦，你帮我把启辉器拿掉就好了。"钱海军想起来小时候自己家里的日光灯跳不起来的时候父亲也是这么操作的，心想：这回碰到一个懂行的。他搬来椅子，按照老人说的方法拿掉启辉器，很快日光灯就跳了起来。

钱海军将凳子擦拭干净，放回原位，两个人攀谈起来。老人告诉钱海军，自己有一双儿女，大女儿在杭州，小儿子在北京，平时工作很忙，都不常回家来，家里只剩下他一个人独自居住，好在身体还算健康，日常起居都能自理。聊到专业，老人异常兴奋，像是遇到了知音："小钱同志，调压器你知道吗？调压器以前归我修的啦！"

"原来是老师傅啊，那以后有空儿您可得多教教我。"钱海军肃然起敬。

老人拉着钱海军的手，感慨地说："小钱，你不知道吧？退休以前我是船厂的八级维修电工——八级电工你知道吗？电工里等级最高的。那个时候，再复杂的电路也难不倒我，像这种问题我以前随便弄弄就好了。可惜岁月不饶人啊，我今年 72 岁了，虽然不知道什么原因导致日光灯不亮，但是年纪大了，血压高了，眼睛花了，不能爬高爬低，连个灯泡都换不了咯。"顿了顿，他又重复了一句"老了，没有用了"。说这句话的时候，老人的脸上写满了落寞。

老人失落的神情像针一样扎进了钱海军的心里。虽然以前服务过的老人有许多，但因为职业不同，隔行如隔山，他只是觉得自己应该这么做，却未曾有如此深的感触。而眼前的这位老人曾经也是一名电力行业的从业者,年纪大了以后却连拿掉启辉器这种绝大多数人看起来可轻易完成的事情都做不了。钱海军心想,自己老了会不会也跟老人一样呢?想到这里,他把自己的手机号码抄给老人,诚恳地说:"以后您家里的电器设备、线路出了什么问题,直接打电话给我好了。"

【故事解读】

钱海军针对弱势群体主动入户提供表后服务、线路维修等服务,并针对表后问题做好沟通、跟踪和回访,强化客户黏性,赢得客户口碑。

钱海军主动与客户攀谈,留下联系方式,做好服务承诺,体现社区经理的主动服务意识、强有力的沟通能力和客户管理能力。

六、社区信赖

(一)工作流程(见图3.25)

1. 操作步骤

①组织评价:社区经理定期组织社区满意评价,跟踪社区满意评价结果。

②客户关怀:社区经理依据评价结果,组织客户关怀活动,定期组织开展社区关系维护活动。

③更新社区服务档案:社区经理就社区客户关怀活动和社区供电服务档案,更新维护社区服务档案。

2. 注意事项

社区经理在做社区客户关怀活动时:①及时学习掌握客户关系管理相关知识和技巧;②定期了解社区关系维护活动。

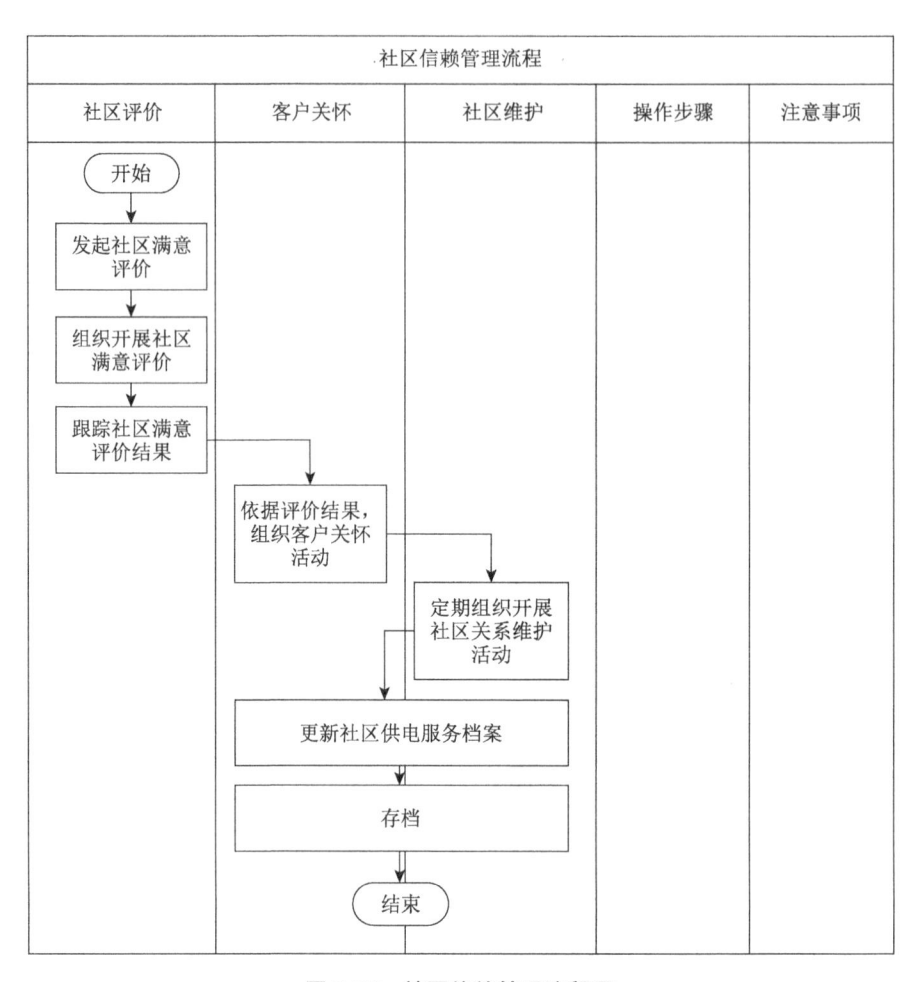

社区信赖管理流程				
社区评价	客户关怀	社区维护	操作步骤	注意事项
开始 ↓ 发起社区满意评价 ↓ 组织开展社区满意评价 ↓ 跟踪社区满意评价结果	依据评价结果，组织客户关怀活动 ↓ 更新社区供电服务档案 ↓ 存档 ↓ 结束	定期组织开展社区关系维护活动		

图 3.25 社区信赖管理流程图

（二）工作要求

1. 客户维护

（1）服务质量要求

① 社区客户服务满意率应达到 100%。

② 社区经理定期组织社区满意评价活动。

(2) 知识技能要求

① 社区经理应掌握客户体验管理、客户关系管理等业务知识，具备客户管理能力。

② 社区经理应定期参与客户关系管理培训，一年不少于1次。

2. 客户关怀

(1) 服务质量要求

社区经理应按月组织客户关怀活动，每月不少于1次。

(2) 知识技能要求

① 社区经理应掌握客户关怀服务业务知识。

② 社区经理应具备策划客户关怀活动的能力。

（三）实操工具

1. 节日关怀（见表3.19）

表3.19　节日关怀服务内容

项目	社区信赖	服务触点	客户关怀
关怀概述	当传统节日、重大节点来临时，社区经理组织开展客户关怀		
关怀重点	依据传统节日特征以及提升社区供电服务客户感知、客户黏性和客户价值，组织关怀活动，设计关怀特惠，发放关怀产品，附送关怀福利		
告知要点	春节关怀	社区经理围绕春节拜年组织社区团拜活动，如"拜年电费红包""拜年走访活动""拜年能效套餐"等	
	端午关怀	社区经理围绕端午佳节、迎峰度夏等，组织"社区安康、平安度夏"主题活动	
	冬至关怀	社区经理围绕冬至佳节、冬日取暖等，推广电采暖、电加工等用能产品，并对节能降耗等用电知识开展科普	

2. 服务关怀（见表3.20）

表3.20　社区服务关怀关键节点及行为

社区服务关键节点	社区经理服务行为	社区服务平台智慧关怀服务
客户挖潜	上门免费权益服务 社区居委微信群组	一键推送社区服务产品权益 定期分众推送社区服务活动
新客体验	上门诊断能效分析 政企客户福利社区 品牌等级荣誉认证 服务产品权益推介	首次交易积分有礼 邀请客户权益免享 邀请评价积分双倍 交易工单进度提醒
臻享权益	客户注册周年关怀 战略/热销产品推荐 定期上门拜访服务 新品发布主动推介	客户生日暖心关怀 社区分享案例有礼 节日祝福自动推送 兴趣产品主动推介
强化活跃	上门拜访客户回访 特定产品强力推荐 预约体验差异服务	优惠活动高频推送 客户案例高频推送
客户维护	社区活动特约邀请 差异服务上门办理 权益服务主动告知 客户评价定期跟踪	按年发送客户评价 按季调查客户诉求 按月更新等级积分 按周推送动态信息

（四）海军典范

钱师傅，你是个好人

慈溪的王先生平时忙于工作，很少回家，最近一次回家看母亲是一年前的事情了。

老母亲今年70多岁，孀居在家。她的视力不太好，也不大懂手机、电脑这些时髦玩意儿的操作，所以两个人除了偶尔的通话，联系很少。当天王先生从杭州返回慈溪，抬手敲了敲门，刚准备喊"妈，我回来了"，门开了，里面的老太太先开口："海军，你又来看我啦！"王先生不记得亲戚中有一个叫"海军"的,想到现代社会常有一些骗子,专门利用老年人"孤单寂寞冷"的生存现状和渴望被人关怀、被人重视的心理行骗,王先生心里不由得"咯噔"一下,再想到母亲眼睛不方便,这担心不免又添加几分:"海军是谁?不会是骗子吧!"

听到王先生的呼唤,老人知道是儿子回来了,满心欢喜,一边与儿子说着话,一边迈着蹒跚的步子走向厨房。王先生却有些心不在焉,迫不及待地想要弄清楚海军是谁,接近母亲有何企图。谁知他才说了几句,老太太就听出了他话里质疑的意味,顿时有些不高兴:"儿子,不是我说你不好,但是你人在杭州,一年难得回几趟家,平时我要是真有个三长两短也是找不到、叫不应你的。这些年,多亏有海军,我有什么事情的时候,一个电话过去,他随叫随到,帮我的忙,还不收我的钱。说难听点,叫自己的儿子都没这么顺心的,你不感谢人家,还要说他,普天之下哪有这个理儿!"

见母亲有些生气了,王先生连忙笑着赔不是,并恳请母亲讲讲钱海军这个人和钱海军这些年给予她的帮助,她点点头,给儿子讲起了她所认识的钱海军——从钱海军在社区走访中了解老人的情况后上门为她检查家里的用电线路,到老人生病时钱海军送她去医院,足足说了有两个钟头。听完母亲的讲述,王先生心里五味杂陈,他向母亲要了联系方式,给钱海军发了一条短信,短信的内容有点儿短,只有8个字:"钱师傅,你是个好人。"想了想觉得有点儿唐突,王先生又补了一个信息,告诉钱海军自己是谁以及自己对他的感谢。而此时,钱海军正像往常一样,在一位老人家修完电灯,陪老人聊天。看到短信,他笑了,很快又将手机收了起来,继续与老人聊些日常的琐事。

【故事解读】

钱海军针对空巢老人等弱势群体,定期上门,主动服务,慰问关怀,体现社区经理客户关系管理和客户关系维护的综合素质和能力。